時代の変化に
流されない
「ビジネスのプロ」
への近道

替えがきかない人材
になるための
専門性
の身につけ方

株式会社 電通
トランスフォーメーション・プロデュース部長
経営学博士/大学講師
国分峰樹

フォレスト出版

まえがき

専門性で戦えるビジネスパーソンになろう

「電通に入れば一生安泰だ」

かつて私は、そんなふうに思っていた時代もありましたが、ひと昔の電通と今の電通はまったく別のような会社に生まれ変わっています。そしてこれからどのような姿に変わっていくのか、未来のビジネスを想像することもますます難しくなってきました。こういった感覚は、私だけでなく企業で働くビジネスパーソンにとって、多かれ少なかれ共通する部分があるのではないでしょうか。世の中の変化を先取りするように、ビジネスは生まれ変わっていかなければ成長できませんので、仕事に携わるビジネスパーソンも環境変化に適応していく必要があります。

そんななかで、私が感じる決定的な変化は、ビジネスパーソンは「従業員」ではなく「プロフェッショナル」であるというプロ意識と、「ビジネスのプロ」としての存在意義が問われるようになったということです。

プロ野球選手などプロのスポーツ選手は、自分の価値はプロフェッショナルとしての能力で決まるものであって、給料は「時間」に対して払われるものではない、という認識が当たり前のようにあります。逆に、アルバイトをしている人は、自分の給料は「時間」に対して支払われていると理解しています。

それでは、企業で働くビジネスパーソンはどう考えているのでしょうか。「ビジネスのプロ」としての能力に対する価値が認められて、その対価を受け取っているという感覚はありますでしょうか。

自分は会社のために働いた時間に対してお金をもらっているということであれば、それはプロスポーツ選手の「年俸」よりも、アルバイトの「時給」に近い感覚です。勤務した時間ではなく、自分の能力とそれによって生み出した成果が、プロとしての価値と考えるのが、「プロ意識」と呼ばれるものだと思います。

結果がすべての世界に生きるプロは言い訳をしません。三振したことを他の誰かのせいにしたり、負けたのは作戦が良くなかったからだと文句を言ったり、チームメイトに愚痴をこぼしているような選手が、プロの世界で生き残るのは難しいです。現代のビジネスパーソンは、仕事の結果に対する全責任を背負って自分の実力を磨く「ビジネスのプロ」

としての自覚を求められる時代に変わってきています。スポーツの世界と同じように、プロフェッショナルがしのぎを削る激戦区を、今後どう生き抜いていけばいいのか、それが私の問題意識です。

自己革新のキーワードは「専門性」

社会学者のエズラ・ヴォーゲルさんが、一九七九年に出版した『Japan as Number One』（ハーバード大学出版局）がベストセラーになり、戦後の高度経済成長期における日本型経営が一躍脚光を浴びて以降、四〇年以上が経った二〇二三年の現在も続く「終身雇用」[1]という三種の神器[2]とまで呼ばれた日本企業の制度によって、日本のビジネスパーソンはこれまで、「専門性」がたいしてなかったとしても、それなりの会社員人生を歩むことができました。

しかし、世界経済におけるグローバルな競争が激化するなかで、日本企業の国際競争力は低下しつづけており、今までと同じような意識のまま、ジェネラリストとして会社のな

1 ジェームス・C・アベグレン『日本の経営〈新訳版〉』（二〇〇四）日経BP。
2 「終身雇用」「年功序列」「企業内労働組合」。

かでうまくやっていけば生きていけるような時代は、いよいよ終わりを迎えつつあります。

デジタルトランスフォーメーション[3]やイノベーションのジレンマ[4]が企業の経営課題となり、ジョブ型雇用やリスキリングが取り沙汰されていますが、まず変わらなければならないのは、自分自身です。ますます加速するテクノロジーの進化によって、目まぐるしく変わりつづける時代に、しっかりと適応するための「自己革新」[5]が求められています。

特に、ChatGPTの登場によって、AIに仕事を奪われる現実味が増してきた現代のビジネスにおいて、他の人でも代わりがきくような仕事を、自分にしかできないように抱え込んでこなしていても、その対価として今と同じレベルの給料が支払われつづける可能性は低く、残りのキャリアを何の専門性もないままやり遂げようという考え方は、すでに限界が見えている状況です。これからの社会を、自分らしく前向きに生きていくためには、自己革新を追求する必要があります。

自己革新のキーワードは「専門性」です。

専門性とは、すでに存在する専門知識を「インプット」することではなく、新たな専門知識を「アウトプット」できることを意味します。希少価値のある専門性を身につければ、企業から求められる人材になり、会社で活躍するチャンスや力を発揮できるフィールドが広がっていきます。自分の専門性を差別化することで、専門性で戦えるビジネスパーソンになろう！　というのが、この本の目標です。

ビジネスパーソンに必要な「型」

専門性の身につけ方は、長い歴史を積み重ねて「型化《かたか》」されています。欧米のビジネスパーソンに比べて、日本人は終身雇用の世界を生きてきたこともあり、専門性の重要性に対する認識が甘く、専門性を身につける「型」についても、ちゃんと学ばないまま社会に出ている人が多いのです。いわば「型無し」の状態で、グローバルな争いを戦っているといえます。

一度「型」を身につければ、何度でもそれを横展開することができるようになりますので、専門性の身につけ方を知らないというのは、何の武器も持たないまま丸腰で戦場に

3　Erik Stolterman and Anna Croon Fors (2004) "Information Technology and the Good Life", Information Systems Research.
4　クレイトン・クリステンセン『イノベーションのジレンマ：技術革新が巨大企業を滅ぼすとき』（二〇〇一）翔泳社。
5　ジョン・W・ガードナー『自己革新〈新訳〉：成長しつづけるための考え方』（二〇一二）英治出版。

立っているのと同じ状況です。

専門性を身につける方法は、「研究」にヒントがあります。日本人は、「探求」とか「追求」といった言葉には好意的なイメージをもっている人が多いですが、「研究」と言われると拒絶反応が出て、自分には関係がないものと思いがちです。研究は学者さんとか研究者がやるもので、ビジネスパーソンには関係ないでしょ、と考えてしまいます。

したがって、専門性を身につけるにはどうしたらいいですか？　と問いかけても、明確な答えがないことが多いのです。

研究とは、「新しい知識を生み出す技法」です。その重要性に最初に気づいた一九世紀のドイツは、世界一の科学技術力をもつようになり、自動車産業や医学・物理学などを発展させて経済大国となりました。その後、ドイツに多くの留学生を送り込んで、研究の重要性を学んだアメリカが、世界最高峰の大学をたくさん創り上げた結果、現在に至るまで世界一の経済大国となっています。知識は日々進化しつづけるものですので、最先端の知識を創造することの重要性を理解している国や企業は強いです。

日本を代表する経営学者の野中郁次郎さんは、『知識創造企業』（一九九六）という名著で、新たな知識を生み出すことの価値について明らかにしています。

ビジネスパーソンは、研究者ではないので論文を書いたりする必要はありませんが、専門性を身につける「型」を知るために、研究のエッセンスを理解することは、大きな意味があります。

「専門性の身につけ方」を身につける

私は現在、株式会社電通で働く企業人であり、青山学院大学や東京音楽大学などで非常勤講師を務めるとともに、東京大学大学院の博士課程で研究をしています。

電通では、トランスフォーメーション・プロデュース部長を務めており、マーケティング・コミュニケーションのプロフェッショナルとして、世の中や消費者の変化を捉えてビジネスの変革を実現する仕事をしてきました。

また東京大学大学院では、高度に情報化した社会のなかであらゆる情報が瞬時に手に入るようになった時代に、専門的な知識を学ぶ場としての大学はどうあるべきか？　について研究をしています。

マーケティング・コミュニケーションの研究では博士号を取得し、仕事と研究を通じて得た知識と経験をもとに、大学講師として青山学院大学や東京音楽大学などで、広告とメディアに関する科目を一三年以上にわたって講義しています。

これらの活動の軸になっているのが、「専門性」です。ビジネスの世界における知見

「Google Scholar」のトップページ。「巨人の肩の上に立つ」という言葉が象徴的に記されている。

とアカデミックな世界の知見を掛け合わせることによって、「専門性を身につける方法」を体得したことで、どうやって専門性を身につけたらいいかを知らない人よりも素早く、ビジネスで活かせる専門性を身につけられるようになっていると思います。

広告・マーケティング・メディアに関わる業界は、テクノロジーの進化によってビジネスが変化するスピードがとても速く、時代に適応していくための専門性が絶え間なく求められます。

また、研究の世界においても、最先端を切り拓《ひら》いていくスピードが加速するとともに、ひとつの専門性にとどまっていては解決できないような問題が増えているため、専門分野を越境する学際的な専門性がますます重要になってきました。

こうした環境に身を置くなかで、第一線で活躍するトップランナーの人たちに共通する要素は、時代の変化を察知しながら、自己革新して新たな専門性を身につけるのが速いことだと感じています。

つまり、ひとつの専門性に固執するのではなく、新しい領域を柔軟に取り入れて自分に付け加えていくことで、独自の形でブレンドされたスペシャリティを確立しているということです。そういった自己革新が自然とできる人であればそれに越したことはないですが、専門性で戦うビジネスパーソンになるためには、「専門性を身につける方法」を知ることが役に立ちます。

専門性を身につける方法とは、一言でいうと「巨人の肩の上に立つ」ということです。これは哲学者のベルナルドゥスが語ったとされる言葉で、[6] Google Scholar のトップページ[7]にも掲げられています。[8]

この本も、たくさんの「巨人の肩の上に立つ」形で、専門性を身につけることの大切さと、その方法について書いています。本書のなかで引用している多くの文献や参考文献に

6 柴田平三郎『中世の春：ソールズベリのジョンの思想世界』(二〇〇二) 慶應義塾大学出版会。
7 https://scholar.google.co.jp/?hl=ja
8 英語版では「Stand on the shoulders of giants」。

掲げている本は、ビジネスパーソンが専門性を身につけるとはどういうことかを考えるために、必読の本を厳選していますので、気になるものがあればぜひ読んでみていただきたいです。特に、『読書と社会科学』（内田義彦）、『知の技法』（小林康夫・船曳建夫）、『創造的論文の書き方』（伊丹敬之）、『知的複眼思考法』（苅谷剛彦）、『論文の教室』（戸田山和久）、『知的創造の条件』（吉見俊哉）などは、歴史的に型化された技法を伝承する文献といえます。これまで積み重ねられてきた偉大な知識をもとに、ビジネスパーソンが「研究マインド」をもって、専門性で戦えるビジネスパーソンになることを応援します。

本書の構成について

本書は、大きく二部構成になっています。

第I部では、ビジネスパーソンが自らのキャリアを築いていくなかで、専門性がキーファクターになることを読み解いていきます。

第1章で、プロ意識が高い人材が求められる時代背景を捉えた上で、第2章で、専門性がなかなか身につかない失敗例を掘り下げます。そして第3章で、専門性を身につける「型」を理解するために必要なポイントを把握することで、第I部（第1章〜第3章）全体として、これまでフワッとイメージしていた「専門性」に対する認識や見方を、はっきりさせることができると思います。

第Ⅱ部（ステップ1〜3）では、専門性を身につける方法について、スリーステップで解説します。

専門性とは、知識をインプットすることではなく、アウトプットできるようになることですので、「勉強」ではなく「研究」のやり方を知る必要があります。勉強なら、与えられた問題を解けば、なんとなく勉強した気になることができますが、研究となると、「問題」もなく「正解」もわからないため、手っ取り早く「やった感」を味わうことはできないのが特徴といえます。自分独自の専門性を磨いていくためには、そういった感覚こそが貴重ですので、スリーステップを通して、「学び方」に対する考え方を根本的にチェンジ＝トランスフォーメーションできるかが、専門性に続く道を歩めるかどうかの分かれ目になります。先入観を捨てて、まずは本書を片手に一歩踏み出してみるのが、何よりも大切なことだと考えています。


この本が伝えたいことは、次の3点です。

①これからの時代に活躍するビジネスパーソンは、個性的な「専門性」が決め手

になる。専門性という武器をもっていないビジネスパーソンは、会社での居場所や存在価値がどんどんなくなっていく。

②日々の業務のなかだけで、ビジネスの競争に勝つ専門性を身につけるのは難しいため、自ら学ぶことが大切である。しかし、『○時間で学べる△△』といったすぐ役立ちそうな自己啓発本を読んでも、ライバルと差がつくような専門性はなかなか身につかない。

③テクノロジーの発展とともに、仕事で求められる専門性の移り変わりは加速しており、時代の変化に応じて自分の専門性を進化させられるビジネスパーソンになるために、「専門性の身につけ方」自体を知ることが、替えがきかない人材になる近道である。

本書を読んだビジネスパーソンの「プロ意識」が少しでも高まるきっかけになれば、大変うれしく思います。

＊原則として本文で〈 〉でくくっている箇所は引用部です。一部、可読性を考慮して「 」としている箇所および引用者の判断でルビを振っている箇所があります。

替えがきかない人材になるための専門性の身につけ方　もくじ

第2章 「専門性の身につけ方」が武器になる

第3章　専門性を身につける方法を知ろう ―― 121

Ⅱ 専門性を身につけるステップ

ステップ1 自分らしい問いを立てる

カバーデザイン　山之口正和（ＯＫＩＫＡＴＡ）
本文イラスト　髙柳浩太郎
図版作成　富永三紗子
本文デザイン・ＤＴＰ　フォレスト出版編集部

I

専門性とは何か

第1章 「専門性」が求められる時代

「あなたの専門性は何ですか？」
「あなたは仕事でどんな価値を提供してくれますか？」
「それは他の人には生み出せない価値ですか？」

現代を生きるビジネスパーソンは、これまでより高いレベルで能力やスキルを発揮することが求められるようになっています。そのハードルは、テクノロジーが進化し、グローバルな競争が激しくなっていくことによって、ますます上がっていく一方です。

経営学者の楠木建さんとコンサルタントの山口周さんは、その著書『「仕事ができる」とはどういうことか？』（二〇一九）のなかで、〈労働市場で平均点にお金を払う人はいない〉と述べています。このことは、自分が「買う」側に立てばよく理解できる感覚で、平凡な商品や普通のサービス、平均的な人材に対して、高い金額を払って手に入れようとは思いません。たいした特徴がなくありふれたものを、わざわざ選んで買う意味は見いだしづらいです。

ですが、自分が「買われる」側になったとき、誰もが理解できるこの感覚が、とても厳しい条件に変わります。テストであれば平均点をとったら「まあ良し」となっていたかもしれませんが、仕事においては平均点ではなかなか評価されないということです。

誰がやってもできそうな仕事や、代わりがいくらでもいる人材は、会社にとっては取るに足らない存在だということになってしまいます。だとすれば、「余人をもって代えがたい」という状態を目指すことが、労働市場における自分の価値を高めるためには必要です。

偏差値の分布を考えるとわかりますが、平均点付近にもっとも多くの人が位置していますので、平均点にお金を払う人がいないというのは、多くの人にとって大変厳しい現実といえます。

厳しい現実に直面して、誰がやってもできそうな仕事を自分にしかできないように囲い込んだり、過去の経緯や仕事のやり方を知っているということを誇示するのは、得策ではありません。デジタルトランスフォーメーションが進んでいくなかで、情報を知っているか知らないかという「情報の非対称性」[1]で存在感を示すのには限界があります。平均点から抜け出して頭角を現すためには、「専門性」で勝負することが求められる時代になってきました。

この点については、投資家の瀧本哲史さんの著書『僕は君たちに武器を配りたい』（二〇一三）においても、労働市場における人材が「コモディティ化」[2]しているという指摘があります。

コモディティ化とは、似たり寄ったりな状態のことをいいますが、グロービスによれば〈画一的で個性のない人材はコモディティ人材と呼ばれ、テクノロジーの進化により真っ先にＡＩに仕事を奪われることとなる。そうならないためにも、話題のスキルよりも次の時代に求められるスキルを先読みし、付加価値をつけることが重要である〉と説明されています。[3]

1　情報の非対称性とは、ある経済主体と他の経済主体の間に情報の格差があることをいう。（https://glossary.mizuho-sc.com/faq/show/1187?site_domain=default）

2　コモディティ化とは「市場参入時に、高付加価値を持っていた商品の市場価値が低下し、一般的な商品になること」。（https://www.dm-insight.jp/words/words-131/）

3　https://mba.globis.ac.jp/about_mba/glossary/detail-19715.html

瀧本さんは、コモディティ化した人材は徹底的に買い叩かれて、「安いことが売り」の人材になってしまうことを危惧します。すなわち、英語力やＩＴスキルあるいは会計の知識を身につけたとしても、会社からすると、一定のレベルを満たしていれば「誰でも同じ」という状態です。

〈決められた時間に出社して、決められた仕事を決められた手順で行い、[4]あらかじめ予定していた成果を上げてくれる人、そういう人であれば、その中でいちばんコスト（給料）が安い人だけが求められるのが、現在のグローバル資本主義経済システム〉であり、経営者の関心は、代替可能なコモディティ人材に報いることではなく、コモディティ人材の給料をどこまで下げられるかに向かうとしています。コモディティ人材が辞めていなくなったとしても、会社としては痛くもかゆくもなく、いくらでも代わりがいるからです。

そして、〈どうすればそのようなコモディティ化の潮流から、逃れることができるのだろうか。それには縷々述べてきたように、人より勉強するとか、スキルや資格を身につけるといった努力は意味をなさない。答えは、「スペシャリティ（specialty）」になることだ〉と導き出しました。

スペシャリティを探す旅へ

企業の経営者は、株主から成長を求められています。成長をつづけるためには、現状維持では許されません。すなわち、資本主義の論理というのは、「投入する資源」（人や設備）をより少なくして、「生み出す成果」（収益）をより多くすることを求めています。投入する資源を増やして、生み出す成果が大きくなったとしても、「それは当たり前」というのが経営の考え方なのです。

ビジネスパーソン一人ひとりの視点でみると、より少ない時間と人数で、より大きな成果を上げることを求められている、ということになります。それができれば給料は上がりますが、投資対効果として同じレベルの成果を出しつづけていても、「生産性が向上していない」と判断されて、給料が下がって仕方がない状態です。

つまり、会社が成長を求められているということは、そこで働くビジネスパーソンも、現状維持ではなく、より生産性の高い人材を目指すことが要求されている、という大前提をしっかりと理解する必要があります。

4　会社のなかに無意味な仕事があふれかえっている現実については、デヴィッド・グレーバー『ブルシット・ジョブ：クソどうでもいい仕事の理論』（二〇二〇）が詳しい。

だとすれば、ビジネスパーソンが考えなければならないのは、毎年毎年、前年よりも制約された条件のなかで、前年以上の価値を創出するために、自分はどうなっていけば良いのか？　という問題だといえます。

このような時代の変化を踏まえると、自分の処遇や給料が上がらないことに不平不満を言うよりも、自分のスペシャリティを探す旅に出たほうが、自分らしく前向きなキャリアを歩めそうです。

真面目に普通に努力していると、だいたいの人は「平均点」付近に集まってきて「コモディティ化」することになりますので、同じ土俵に立ってガチンコ勝負で並外れたパフォーマンスを出せる自信がない限りは、どうすれば自分の土俵をつくれるかということを考えたほうが賢明といえます。

新たな専門性が次々と出てくる社会

知識基盤社会でのサバイバル

では、平均的・画一的で個性がないと言われないように、もしくは、安さが売りのコモディティ人材にならないように、どうやって自分らしさを発揮する土俵を見つければいいのでしょうか。

ビジネスパーソンの場合、自分の土俵を探すといっても、それがゴルフだったり釣りやサウナだったりしては、仕事のパフォーマンスにはつながっていきません。現代のビジネスパーソンは、ほとんどの場合、主に自分の「頭」を使って仕事することで、顧客や社会に対して価値を生み出していると思います。

だとすれば、ビジネスにおいて個性を発揮しなければならないのは、自分独自の「知識」ということになります。自分の知識をいかに差別化して、自分自身がバーゲンセールの対象品にならないようにするかが、考えるべきポイントといえます。

今の世の中で、知識がいかに重要なものであるかを表しているのが、「知識基盤社会」というキーワードです。

二一世紀は、新しい知識・情報・技術が、政治・経済・文化をはじめ、あらゆる領域での活動の基盤として飛躍的に重要度を増す知識基盤社会（knowledge-based society）であると、文部科学省が掲げています。[5] 知識基盤社会の特質としては、

5　https://www.mext.go.jp/b_menu/shingi/chukyo/chukyo0/toushin/attach/1397420.htm

- 知識には国境がなく、グローバル化が一層進む。
- 知識は日進月歩であり、競争と技術革新[6]が絶え間なく生まれる。
- 知識の進展は旧来のパラダイム変換を伴うことが多く、幅広い知識と柔軟な思考力に基づく判断が一層重要となる。
- 性別や年齢を問わず参画することが促進される。

といった点が挙げられ、〈新たな知の創造・継承・活用が社会の発展の基盤となる〉ことが強調されます。つまり、「新しい知識」というのが決定的に重要になり、かつ知識は絶えず進歩していくため、新しい知識が次から次へと生まれてくる状況だということです。

新しい知識が生まれると、そこに新たな専門分野が形成されて、その新領域を専門とする専門家が誕生します。近年だと、ＡＩやビッグデータ解析、〇〇テックやＤＸといった分野で、知識が急速に進化し、最先端のスペシャリストが多く生まれて、新規ビジネスが発展していきました。

社名がなくなったらただの人？

新しい知識が時代の変化や行く末を決める決定的な要因になるなかで、新たな知の創造を社会の発展にうまくつなげていった代表的な例が、シリコンバレーです。

シリコンバレーでは、スタンフォードやＵＣバークレーなどの大学が生み出した新しい知識を、ベンチャーキャピタルがビジネスとして形にして、世界を牽引《けんいん》するＩＴ産業の集積地を形成しました。ビジネスの新陳代謝を高める仕組みによって、新たな専門分野や専門家が次々と誕生して、活気あふれるビジネスパーソンが集う場になっています。

そんなシリコンバレーで活躍する鳩山玲人《はとやまれひと》さんは、『シリコンバレーで結果を出す人は何を勉強しているのか』（二〇二二）のなかで、「自分は何ができるのか」を明確にすることの大切さを語っています。

日本では「パーソナルブランディング」の重要性が認識されておらず、「私は電通の○○です」といった形で、企業のブランドをそのまま自分のブランディングだと思っている

6　「技術革新」は、第二次世界大戦後に登場した用語で、それ以前にはほんのわずかな用例しかなかった。経済学にイノベーションの概念を導入したのは、ヨーゼフ・シュンペーターだとされることが多いが、この概念はシュンペーターの時代には、統計学者、経済学者、経済史家の間で当たり前のように使われていた（ゴダン、二〇二一）。

ケースが多いことを指摘し、〈「どこの組織に所属しているか」ということだけで自分を語っていると、転職したり独立したりして企業と切り離されたときに「自分は何ができるのか」「自分はどのような人なのか」ということを伝えて売り込むことがまったくできなくなってしまう〉と警鐘を鳴らします（→33ページ図1）。そして、〈人材として自分を売り込むとすれば、強みは何なのか〉を明確にする必要があると伝えているのです。

　こうした観点からも、知識基盤社会においては、企業に所属していることでその分野の専門家であることを示すのではなく、自分自身がどのような専門知識をもっていて、どんな専門性を発揮できるのかということが問われるようになります。

　実際に自分自身のことを振り返ってみて、社会に出て働き始めてからずっと同じ会社に勤めていたとしても、自分の専門性は少しずつ変化しているのではないかと思います。

　会社のビジネス自体が時代の移り変わりに適応するために、たとえば「マーケティング」の部署が「デジタルマーケティング」を主とする業務に進化して、新しい知識や専門性を求められるといった経験です。

　ここで重要なのは、そういった自己革新の機会は、自分が求めていなかったとしても、どこかで必ず訪れることになりますので、自ら変化を先取りしようと意識したほうが、会社名を頼りにしたり、会社に属していることが命綱のビジネスパーソンにならなくて済み

図1　所属企業のブランド≠自分のブランド

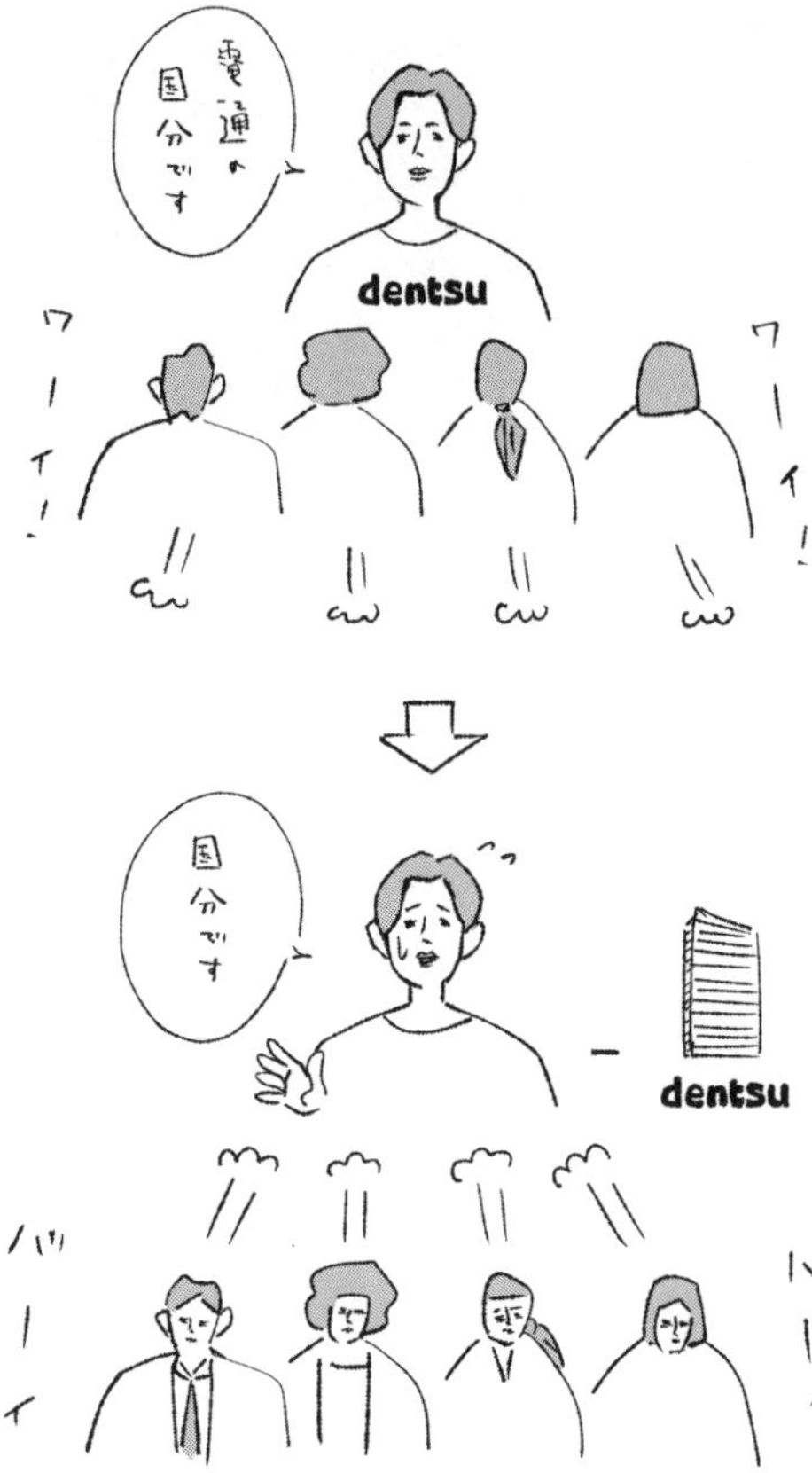

パーソナルブランディングは所属している組織ではなく、
自分自身のスペシャリティによって支えられるべき。

ます。かつて一世を風靡《ふうび》したガラケーも、最後までガラケーにこだわっていた人たちも、時代の大きな波には抗えず、結局はスマホに取って代わられたように、自分自身がガラケーと同じ運命をたどることはなんとしても避けたいところです。

中流階級から「無用者階級」へ

ビジネスパーソンの未来予測において、もっともシビアな見方を示しているのが、世界的なベストセラーとなった『サピエンス全史』（二〇一六）で、人類の進化の歴史を紐解いた歴史学者のユヴァル・ノア・ハラリさんです。

『21 Lessons：二一世紀の人類のための二一の思考』（二〇一九）において、テクノロジー革命がまもなく何十億もの人を雇用市場から排除して、巨大な「無用者階級」が新たに生み出されるという、ビジネスパーソンにとって実に過酷な未来を予測しています。

〈芸術から医療まで、あらゆる分野における多くの伝統的な職がなくなっても、人間ができる新しい仕事が創出されれば、ある程度までは埋め合わされる〉という見方もありますが、〈こうした新しい仕事はみな、一つの問題を抱えている。おそらく、高度な専門技術や知識が求められ、したがって、非熟練労働者の失業問題を解決できない〉と言及します。つまり、〈人間のために新しい仕事を創出するよりも、実際にその仕事に就かせるために人間を訓練するほうが難しいという結果になりかねない〉のです。

これからの社会においては、ほぼすべての種類の仕事が変化していくことは確実であり、〈スーパーマーケットのレジ係の職を失った四〇歳の人が超人的な努力をしてドローン操縦士になれたとしても、一〇年後には、再び新たな技能を身につけなくてはならない〉といった状況に陥る可能性があります。つまり、終身雇用も一生の仕事という考え方もなくなり、絶え間ない変動のなかで創出される新しい仕事には、〈高いレベルの専門技術や知識が求められ、ＡＩが進歩し続けるなか、人間の被雇用者は繰り返し新しい技能を取得し、職業を替える必要がある〉と予見されています。

一億総中流と言われた日本でも、格差社会が深刻化していくことによって、中流階級の人たちが徐々に「無用者階級」になってしまうかもしれないというのは、相当悲しい未来です。

でも、このままいくとこうなっちゃうかもしれないよ、という推測があるということは、そうならないようにどうしたらいいか、ということを考えられるきっかけになります。ガラケーを使っている人は一〇年後にはほとんどいなくなるよ、とあらかじめわかっていれば、早めにスマホに切り替えることができたはずです。

そういった視点でビジネスパーソンの一〇年後を見据えると、次から次へと新しい専門性が登場する社会になっていくから、今のうちに自分の専門性をどうやってブレンドしていって、独自の味を出せるようにするかを考えておいたほうがいいよ、という大事なヒントをもらっているといえそうです。

仕事で求められる専門性も高度化

自分の専門性ということを考えるにあたって、特に意識しなければならなくなっているのが、ＡＩの進化です。ＡＩというのは「人工知能」（Artificial Intelligence）ですので、人工的な頭脳が生み出す知識についても、「新たな知識」を創造する装置として人間の競争相手になります。

ＣｈａｔＧＰＴに聞けばわかることを、対価を払って専門家に聞こうという人はいなくなるため、専門性として認められるのはどういった知識なのかということを考えなければなりません。ＣｈａｔＧＰＴのようなＡＩシステムは三億人の仕事を奪う、というゴールドマン・サックスの予測もあります。[7]

ＡＩ研究者の松尾豊さんは、今までは「ＡＩに仕事を奪われる」という意見に対して「いや奪われないよ」という考えだったのが、二〇二三年に入ってから「いやいや今度は本当に奪われますよ」に変わったと語っています。[8]

ＣｈａｔＧＰＴは、インターネット上に存在している知識を学習してすぐに答えを出してきますので、ビジネスパーソンにとってはかなりの強敵です。間違える頻度も、人間よりずっと少ないかもしれません。ＣｈａｔＧＰＴは、二〇二二年一一月に公開されて間もないですが、スタンフォード大学の期末試験で多くの学生が使用したり、[9] トランプ大統領やイーロン・マスクを輩出したペンシルバニア大学の期末試験でもいい成績をとれるレベルになっています。[10] 日本の医師国家試験でも、正答率が五五％（医学部の六年生レベル）だったという記事もあります。[11]

ＡＩは新しく登場する専門分野にも即座に対応することができますので、ビジネスパーソンがプロとして求められる専門性のレベルもスピードも、一気に水準が上がっていくことが想定されます。

7　https://www.businessinsider.com/generative-ai-chatpgt-300-million-full-time-jobs-goldman-sachs-2023-3
8　https://gendai.media/articles/-/107429?imp=0
9　https://stanforddaily.com/2023/01/22/scores-of-stanford-students-used-chatgpt-on-final-exams-survey-suggests/
10　https://www.youtube.com/watch?v=x7h2l6QIXfw&t=22s
11　朝日新聞 2023/4/10 夕刊。

今から三年後、五年後のビジネスにおいて、ビジネスパーソンの最大のライバルとなるのは、競合する他社や他業種から入ってくる企業のビジネスパーソン以上に、おそらくＡＩだと考えられます。そして、ＣｈａｔＧＰＴの登場によってパンドラの箱が開けられた感がかなり漂っていますので、こうなってくると自分が想定しているよりはるかに速い進化が、あっという間に目の前に迫ってくると心づもりしておくことが重要です。

ＡＩの進化がどれぐらいのスピード感で、どこまでレベルを上げていくのかをイメージするのにいい事例として、囲碁におけるＡＩと人間の戦いがあります。このストーリーを知っておくと、人工知能と自分の頭脳を同じ土俵で戦わせては絶対にダメだということがよくわかりますので、70ページのコラムで詳しく紹介したいと思います。

専門性の移り変わりが加速する

ＡＩに奪われる仕事

では、ＡＩにできる仕事とＡＩにはできない仕事を、どのように見極めればよいので

図2　**ガートナー社の「ハイプ・サイクル」**

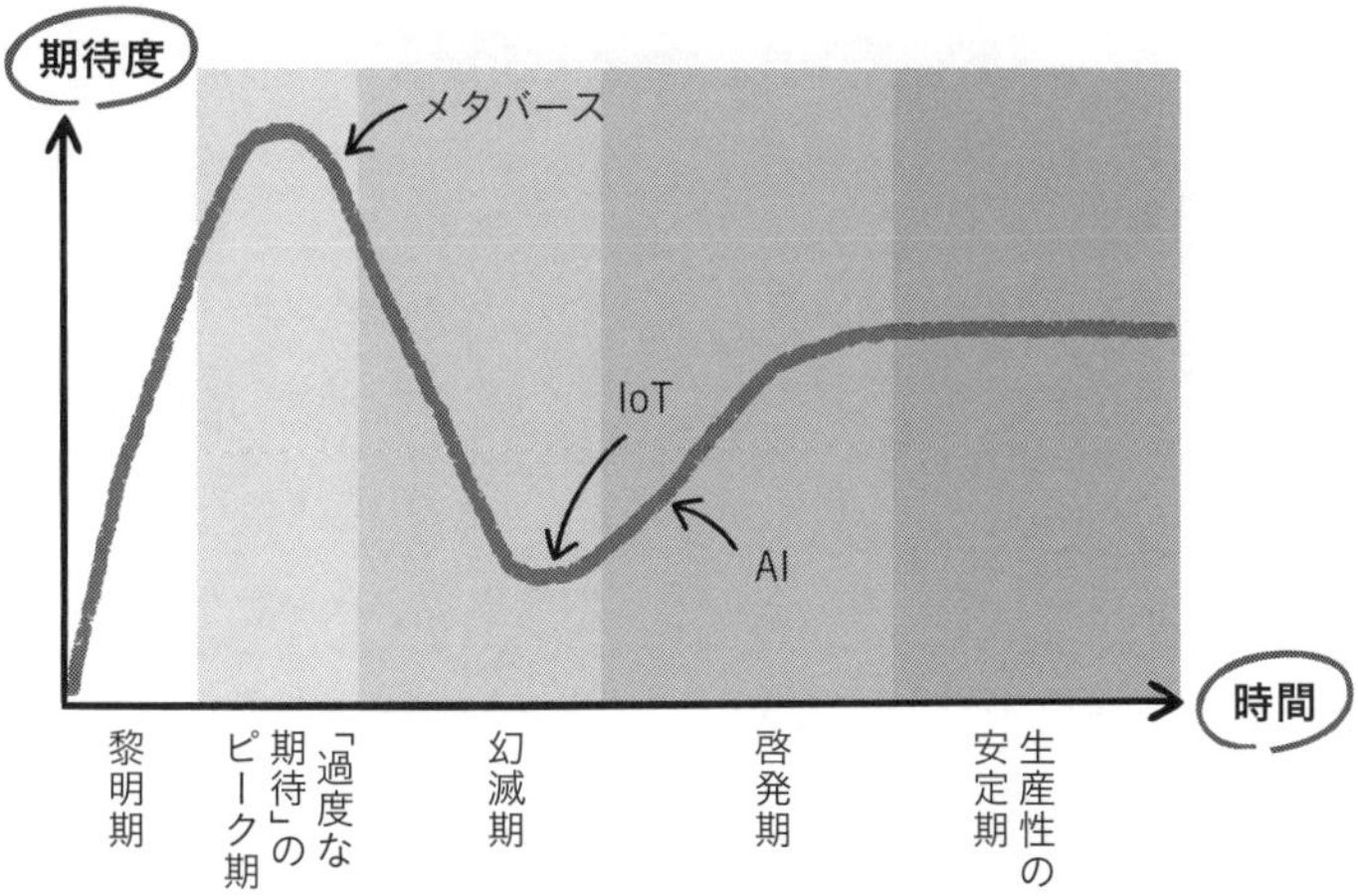

しょうか。

多くの人は、自分がやっている仕事はＡＩに取って代わられるはずはない、もしくは、そうなるとしてもだいぶ先のことだろう、と考えたくなると思います。こういった技術革新というのは、ガートナー社が提唱する「ハイプ・サイクル」[12]で示されているように、テクノロジーは最初に登場したときには過剰な期待が寄せられてブームになりますが、そのあと幻滅期に入って急に熱が冷めていくパターンが多いとされています（図2）。今でいうとメタバースがちょうど

12　https://www.gartner.co.jp/ja/research/methodologies/gartner-hype-cycle

表1　職業の半分近くが消えるかもしれないという予測

自動化される可能性90%以上

生産労働者すべて

企業の一般職	販売員	数理技術者
会計士・監査役	税務調査官	不動産鑑定士・宅地建物取引士
保険販売代理店	不動産ブローカー	歯科検査技師
受付・フロント	秘書	ゲーム・スポーツ本のライター
ウェイター・ウェイトレス	料理人	モデル
ネイリスト	審判・レフリー	運転手

自動化される可能性1%以下

医師	セールスエンジニア	コンピュータシステムアナリスト
人事の管理職	人類学者・考古学者	心理学者
臨床心理士	カウンセラー	作業療法士
言語聴覚士	看護師	ソーシャルワーカー
キュレーター	メイクアップアーティスト	管理栄養士
アスレティックトレーナー	教師	役者
聖職者	警察の最前線における管理職	

＊『The Future of Employment』のデータを基に作成。

期待のピークで、IoT（モノのインターネット）は関心が失われた底のあたりにいるといった具合です。

AIに関しては、最初のブームが一九五〇年代に始まって、現在は第四次ブームといわれていますので、過熱と幻滅を経て技術の成熟度が増しており、いよいよ本格的な実用フェーズに入っていく可能性が高いと考えられます。

AIに仕事が取って代わられる議論については、今から一〇年前の二〇一三年に機械学習を専門とするオックスフォード大学教授のマイケル・オズボーンさんらが、「雇用の未来」（The Future of Employment）という大変重要な論文を発表しました。[13] その論文では、アメリカにおける雇用の四七％が自動化するという分析結果が示されており、世界に大きな衝撃を与えたのです。

七〇二の職種のうち、コンピュータに取って代わられる可能性が高い（九〇％以上）仕事として、40ページの表1にある職種が挙げられています。

日本においては、野村総研がオズボーンさんたちとの共同研究を行い、「日本の労働

13　https://www.oxfordmartin.ox.ac.uk/downloads/academic/The_Future_of_Employment.pdf?fbclid=IwAR0zUqXaPj4gsH3L2LcgK5YRGx9BuiYi4uzFbQNaGBbJyvguxz5lL5m8lqQ

人口の49％が人工知能やロボット等で代替可能に：601種の職業ごとに、コンピューター技術による代替確率を試算」（二〇一五）というニュースリリースを出しました。[14] コンピュータで代替できる職種に該当する労働人口の割合は、アメリカより高い結果です。「公認会計士」「司法書士」「弁理士」などは自動化される可能性が高く、「弁護士・裁判官・検察官」「大学教員」「パイロット」「医師」「映画監督」などは自動化の可能性は低いとされ、「ジェネラリストの総合職」ではなく「高能力のエキスパート」が求められるようになると考察しています。[15]

ここでは、具体的な職種についてはほんの一部だけを抜粋していますので、現在の自分の仕事がこのなかには該当していなかったとしても、全体としてはアメリカでも日本でも労働人口の半分近くが、AIに仕事を奪われてしまうという予測です。

だとすると、半分近くの人は「無用者階級」になってしまうリスクがありますので、今の仕事の専門性ではない、何か新しい専門性に目を向けておく必要があるということになります。

「アルファ碁ゼロ」の事例にあるように、これから身につける専門性は、ゼロから学習してもあっという間に人類を超えるレベルまで知能を進化させられるAIが「苦手な領域」であったほうが望ましいといえます。プログラミングや英語、会計など、ビジネスパーソンにとって重要視されている高度なスキルも、AIの得意領域に入ってしまっていますので、そういった専門性の価値は、今後急速になくなっていく可能性があります。

現状、AIが不得意で人間のほうが優れていると考えられている能力は、「創造的思考」や「社会的知性」です。創造的思考とは、抽象的な概念を整理したり創出する力で、社会的知性とは、交渉や説得といった高度なコミュニケーションもしくは他者とのコラボレーションをする力になります。こういった力を活かせる専門性を身につけていけば、生き残れる可能性が高いということです。

自分の仕事が自動化されることはなかなかイメージがしにくいかもしれませんが、わかりやすい例を挙げると、自動改札機ができたことで切符切りをする駅員さんがいなくなったのは、新たなシステムによって業務効率化が実現したケースといえます。

今後起こりそうな事例としては、エクセルやワード、パワーポイントで資料作成する仕事も、人間ならではの創造的思考を発揮する内容でなければ、自動改札機と同じように、

14　https://www.nri.com/-/media/Corporate/jp/Files/PDF/news/newsrelease/cc/2015/151202_1.pdf
15　https://www.mhlw.go.jp/file/05-Shingikai-12602000-Seisakutoukatsukan-Sanjikanshitsu_Roudouseisakutantou/0000186905.pdf

AIなどによってシステム化されていく流れにあると考えられます。

一度システム化されると、その仕事が復活することは二度とありませんので、テクノロジーの進化とともに専門性は常に移り変わる、ということを意識するのが大切です。仕事が自動化されていくのは決して悪いことではなく、機械による効率化が実現することで、人間は人間にしかできないような、創造的でより付加価値の高い仕事に専念できるようになります。

短命化する企業の寿命

AIをはじめとするテクノロジーの進化が、ビジネスパーソン一人ひとりに及ぼす影響についてみてきましたが、企業の経営や事業全体に与えるインパクトはどれほどのものなのでしょうか。

私は紙の本や新聞がとても好きなのですが、デジタルテクノロジーによってデバイスや端末がより高品質で低価格なものになり、紙媒体の電子化がどんどん進んでいくと、出版業界や新聞業界の事業のあり方は大きく変化し、会社としての経営判断にも甚大な影響を与えることが予想されます。

このような企業のビジネスそのものが受ける変化については、マッキンゼー・グローバル・インスティテュートのメンバーが著した『マッキンゼーが予測する未来：近未来のビジネスは、4つの力に支配されている』（二〇一七）において、加速する技術進化のスピードによって、アイディアやビジネスモデルおよび市場での地位の短命化がもたらされる、という分析があります。

一九五〇年にスタンダード&プアーズ社（S&P社）が発表するトップ五〇〇社のランキングに入る企業は、その後六〇年以上にわたってランキングに残ることが期待できましたが、二〇一一年にはランキングに残っていられる期間は一八年になり、入れ替わりの比率がこのまま続くと、〈現在のS&P500に載る企業の七五％は二〇二七年までに姿を消し、他の企業に取って代わられている〉といった状況になります。

技術革新は、古い問題を解決する新たな発明や、事業の成長と差別化を生み出していく素晴らしい機会となる一方で、難攻不落のビジネスモデルをいとも簡単に、しかも短期間のうちに崩壊させ、既存の業界がもつ現状維持の傾向を打ち砕くため、ビジネスパーソンはそうした状況にどのように対応していくのかを考えざるをえなくなると指摘します。

こうした労働市場の変化によって、〈今から一〇年後も私たちが同じ産業で、同じポジションで、あるいは同じ企業で働いているだろう、と確信をもって言える人は一人もいないのではないだろうか。今新たに創造され、生まれたばかりの産業には、私たちには今日理解できないスキルや能力が要求されることだろう〉と考察しています。

そのうえで〈仕事そのものの定義も、今日私たちが理解しているものから、新技術によってさらに多くの製品やサービスが生み出されてくるにつれて、将来にはそれが何か、私たちには想像のつかないものに変容してしまうことだろう〉と予見しているのです。

企業が元気でいられる健康寿命が、たとえ大企業や優良企業であっても、六〇年から一八年程度まで短命化してしまうとすれば、社会人になってから定年までひとつの企業で勤め上げるといったような終身雇用は成立しづらくなります。

人生一〇〇年時代と呼ばれるような現代においては、定年以降も働くビジネスパーソンが増えていきますので、五〇年近くにわたってプロフェッショナルとして仕事ができるキャリアプランが必要です。

次々とやってくる技術革新によって、企業が力を入れるビジネスの入れ替わりが激しくなる一方だとすれば、そういった変化に振り回されることになるビジネスパーソンは、部署異動や職種変更を繰り返しながら、自分の専門性をどう創り上げていくかを、自分自身で考える必要があります。

会社もひとつひとつの事業をいつまで続けていけるかが読み切れないなかで、全社員に対して一人ひとりの専門性を中長期的な視点から計画的に育成していくことはほぼ不可能ですので、さまざまな環境変化のなかで自分がプロフェッショナルとしてどんな専門性を武器に戦っていくかは、自分自身で描いたほうがキャリアの健康寿命を長くできる時代だといえます。

ソサエティ5・0で変わる日本

このような社会の変化を捉えて、政府は二〇一六年一月の第五期科学技術基本計画において「ソサエティ5・0」という考え方を提唱しました。ソサエティ5・0とは、狩猟社会（ソサエティ1・0）、農耕社会（ソサエティ2・0）、工業社会（ソサエティ3・0）、情報社会（ソサエティ4・0）に続く新たな社会という意味で、当初は科学技術政策のなかで生み出された考えでしたが、日本が目指すべき未来の社会像として広まりつつあるコンセプトです。

科学技術基本計画の冒頭では、〈近年の科学技術、とりわけ情報通信技術の発展は、瞬く間に経済・社会のルールを変化させ、人々のライフスタイルや、社会と人間の在り方にも影響をもたらしている。今やイノベーション[16]は、これまでの延長線上にないところに発現し、瞬時に世界に拡散するようになっている〉と述べられています。

経済・社会の変化が加速していくなかで、〈知のフロンティアの拡大に伴い、知識や技術の全てを個人や一つの組織で生み出すことが困難になっている。このため、新たな知識や価値の創出に多様な専門性を持つ人材が結集しチームとして活動することの重要性がますます高まっている〉として、〈先を見通し戦略的に手を打っていく力〉（先見性と戦略性）と〈どのような変化にも的確に対応していく力〉（多様性と柔軟性）が求められると強調します。

ソサエティ５・０は、原始時代から現代までを大きく五つに分類する考え方ですので、かなり大局的な見地に立っていますが、それぐらい画期的な変化が社会に起こっていると、国が認識していることがわかります。

こうした大きなうねりのなかで求められる力が具体的に二つ挙げられていますが、これらはビジネスパーソンが自分自身の専門性をどう創っていくかを考えるためにも欠かせません。

すなわち、ＡＩなどテクノロジーの進化を見据えた「先見性と戦略性」のある専門性とは何か、ビジネスの劇的な変化に適応できる「多様性と柔軟性」のある専門性とは何か、について考える必要があるということです。

このような日本が目指すべき未来のビジョンとそれに対する国の大方針を受けた経団連は、二〇一八年一一月に『Society 5.0：ともに創造する未来』というアクションプランをまとめました。そこでは、情報社会（ソサエティ4・0）に続く新たな社会は、「創造社会」（ソサエティ5・0）であると提唱されています。

ソサエティ5・0で目指すべき人間中心の社会においては、利便性や効率性の実現を主目的にするのではなく、デジタル技術やデータを活用しながら、人間が人間ならではの想像力と創造力を発揮して、社会を共に創造していくことが重要であると言及します。

ソサエティ3・0から4・0にかけては、大量生産・大量消費による「規模拡大と効率性」が求められ、それを追求するためにPDCAサイクルを回すことが重要視されるとともに、標準化されたプロセスが横展開されたことで、商品やサービスが画一的なものとなってしまいました。

16　イノベーションの概念が、イギリスで日常的な語彙になったのは宗教改革の時期（一六世紀）だったが、当初三世紀にわたって、否定的で軽蔑的な響きを持っていた。フランス革命後の一九世紀に入った頃から、徐々に肯定的な価値を得るようになり、物質的・社会的・政治的進歩の道具となった。二〇世紀になると、「技術革新」（technological innovation）という言葉が誕生し、発明から市場での成功までを含む経済的な概念として、人口に膾炙した（ゴダン、二〇二一）。

これに対してソサエティ5・0では、画一的なものや標準化されたプロセスに同化するような平均的な生き方から解放され、個性を抑圧されることなく多様な才能を発揮することで、社会の課題を解決して新たな価値を創造することに重きが置かれるようになると構想されています。そして、実現に向けたアクションプランとして「企業が変わる」「人が変わる」ことが求められます。

ここからまた耳の痛い話になりますが、〈現在、多くの組織には、古い価値観や長い歴史に基づく業務や習慣、革新ではなく前例踏襲を重んじる体質が残っている。これでは組織やそこで働く人々が大きな価値を生むことはできない〉として、組織のあり方や働き方を大きく変えていく必要があるといいます。すなわち、次のような変化です。

- 労働時間の長さが創造する価値に直結することはなく、人々がそれぞれの価値を生み出すスタイル・働き方を追求する。
- 労働時間に応じて報酬が支払われるのではなく、成果や生み出した価値、信用度が評価の基軸となる。
- 会社という組織のあり方がヒエラルキー型からネットワーク型に変化する。

これらは実際に「働き方改革」や「ジョブ型雇用」「リスキリング」といった形で、多くの企業において人事制度として組み込まれていく流れにあります。

このアクションプランが公表されたのはコロナ前ですが、〈AIやロボティックス、次世代高速ネットワークの普及によって、テレワークが普及し、自宅やサテライト・シェアオフィス等での勤務が容易になる〉といったことも記されています。

また〈AIにより流通する能力も活用しながら、時間を有意義に活用する〉という変化も、ChatGPTの登場によって身近なものとなりました。[17] AIが本格的に社会に実装されていく創造社会においては、人間が人間ならではの創造力を発揮することが大切だという提言は、AIで自動化される仕事に関する調査から導き出された、創造的思考こそ人間がAIに負けない能力だというインサイトとも一致します。

ソサエティ5・0におけるもっとも重要な変化は、効率化することを重視して標準化されたプロセスから生み出される画一的なものの価値が、どんどん低下していくという点です。

これからは、組織に同化して協調性と前例踏襲を重んじるようなタイプの人間が和を乱

17　ChatGPTを開発したオープンAIとペンシルバニア大学の研究者らによる論文では、アメリカの労働者の約一九％が、業務の半分以上をより短時間でこなせるようになると分析している（朝日新聞 2023/3/30 朝刊）。

さないように仕事する会社よりも、多様な個性と才能がぶつかりあってチームとして創造性を発揮できるような企業が輝きを放ちます。

コスパやタイパを追求して、遊びがなくなったような企業やビジネスパーソンから、クリエイティビティあふれるアイディアは生まれてきません。そういった「標準化から個性化への価値転換」が、ソサエティ5・0における最大のポイントです。それはつまり、「標準化された専門性」ではなく「個性的な専門性」の価値が高まっていくことを意味しています。

中途半端な専門性では稼げなくなる

働いた時間ではなく専門性で評価

標準化から個性化へというソサエティ5・0の価値転換によって起こる大きな変化として、「働いた時間」ではなく「生み出した価値」に対してお金が支払われるようになります。長時間働いても価値を生み出せなければ給料は上がらず、逆に、自分ならではの価値を創出することができれば働く時間の長短は問われないということです。

経団連のアクションプランにおいても、〈日本は労働時間を元に評価を行うシステムを継続してきてしまっている。現在、過重労働をなくす観点から、長時間労働の是正などの労働管理の面に焦点が当たって働き方改革が進められているが、そもそも働く時間の長さで評価を受ける文化を変えるべきである〉と強調されています。

会社がそのような方向に舵《かじ》を切っていくと、自分の専門性とは何なのかということが問われることになります。

次に、日本型の雇用慣行に関しても、〈ひとたび「就社」して、正社員というメンバーシップを手に入れると、終身雇用制の下で職場内での集合研修やＯＪＴ、ジョブローテーションによって、社内キャリアを積んで、その年功によって評価を受ける〉というメンバーシップ型雇用は、組織に必要なスキルが急変するなかでは機能しないため、見直す必要があると問題提起されます。働く時間の長さとともに、働いてきた時間の長さという年功によって評価するのは、もはや時代遅れだということです。

ソサエティ５・０時代の組織とそこで働く人々の関係性はどうあるべきか、という問題意識から出てきた議論が「ジョブ型雇用」です。

東京大学教授の本田由紀さんは、ジョブ型雇用では〈ジョブに即した専門性やスキルが発揮しやすく、それをさらに向上・更新させることへの働き手の動機づけにもつながりやすい〉ため、〈専門性とスキルの尊重〉が重要だといいます。[18]

しかし日本では、労働者のスキル不足を感じている企業の割合と、労働者の専門分野やスキルと仕事のミスマッチが生じている割合が突出して高く、それにもかかわらず、成人の学び直しが他国と比べて少ないうえに、職場や労働市場においてスキルを発揮できている度合いも低いことが指摘されます。こうした現状に対して、〈人工知能（AI）に限らず、技術が目まぐるしく進展・変容する中で、高度な専門性やスキルを発揮し不断にアップデートしていくことは不可欠である。日本経済の低迷や衰退の重要な原因が、この不可欠な条件の欠落にある〉という問題が提起されているのです。

日本のビジネスパーソンが、まだこれから「意識改革の端緒」を開こうとしているなかで、世界はもうすでに「新たな学歴社会」へと突入しています。[19]

グローバルな競争を戦っている企業を中心に、経営の第一線やデジタル分野において高度な知識や技能の証明が求められるようになっているため、主要国（アメリカ・中国・ドイツ・イギリス・韓国・フランス）では過去一〇年で博士号取得者が急増したのと対照的に、日本だけが一割以上減少しています。日本経済新聞の記事では、〈専門性よりも人柄を重視する雇用慣行を維持したままでは、世界の人材獲得競争に取り残されかねない〉と危惧されて

図3　**アメリカでは高学位ほど年収が伸びる**

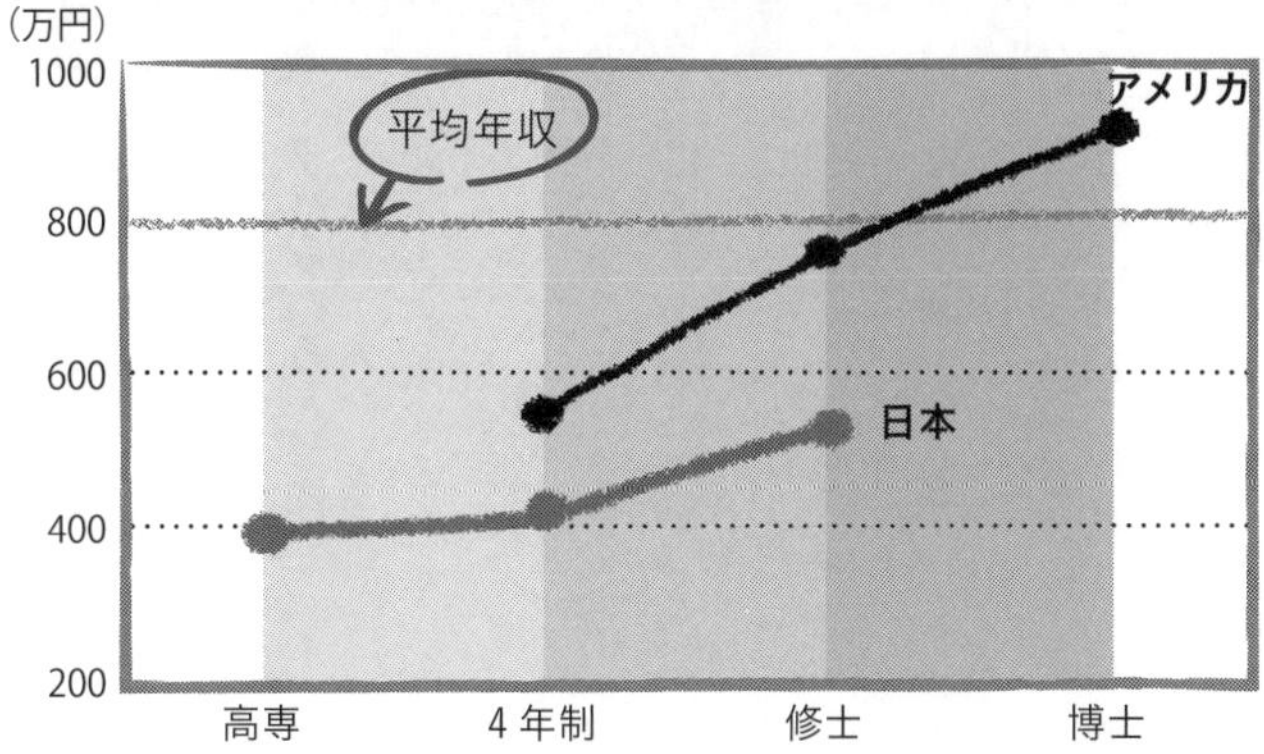

＊「日本経済新聞」2019/12/8朝刊（出所）の図版を基に作成。
注：年収はパーソナルキャリア、米国立科学財団調べ、日本は平均年齢が31.6歳の転職希望者で修士は院卒全体のデータ、米国は学位取得後5～9年後の中央値。

おり、アメリカの企業で上級ポストを射止めるためには高い学位が必要になるため、博士号取得者の四割が企業で働くなど、専門性を有する人材がイノベーションの原動力として重用されることが示されます（図3）。

　高学位者に高収入で報いるのはもはや世界の常識となっていますが、日本は世界のなかで相対的な「低学歴化」に沈んでいるのが実情です。

　この点について慶應義塾大学教授の小熊英二さんは、〈世界中で大学院の進学率が上がり、大学院に入り直す人も増えたが、それは修士号や博士号がないと高

18　日本経済新聞 2020/12/7 朝刊。
19　日本経済新聞 2019/12/8 朝刊。

給の職務に就けなくなってきたためだ〉として、グローバルの人材評価基準から日本市場が隔絶されている状態がこのまま続くと、日本の国力低下につながりかねないと警鐘を鳴らします。[20]

求められる人材像

こうした現状を打破するために、ソサエティ5・0時代の人材育成に関する政府の分科会で会長を務めた宮田一雄さんは、高度な専門性を備えた人材を育てることが不可欠になると、産業界の視点から大学教育への期待を述べています。[21]

ドイツでは大手企業の経営者の四五%が博士号を持っており、アメリカにおいては大企業の役員および管理職に占める修士以上の割合は六二%という高さになっています（日本はわずか六%）。

こういった差を踏まえて、リカレント教育（社会人の学び直し）を意識することで産学の好循環が生み出せるという考えをもとに、ソサエティ5・0を実現する専門人材を増やしていくためには、57ページの図4のように「専門知識を習得したうえで実践を繰り返し成長する」ことが必須だと提案しました。Xの領域にいる企業人は専門人材としての学びが不足しているため、リカレント教育によって専門領域を深く学び直すことで、専門性を身に

図4　**ソサエティ5.0を実現する人材像**

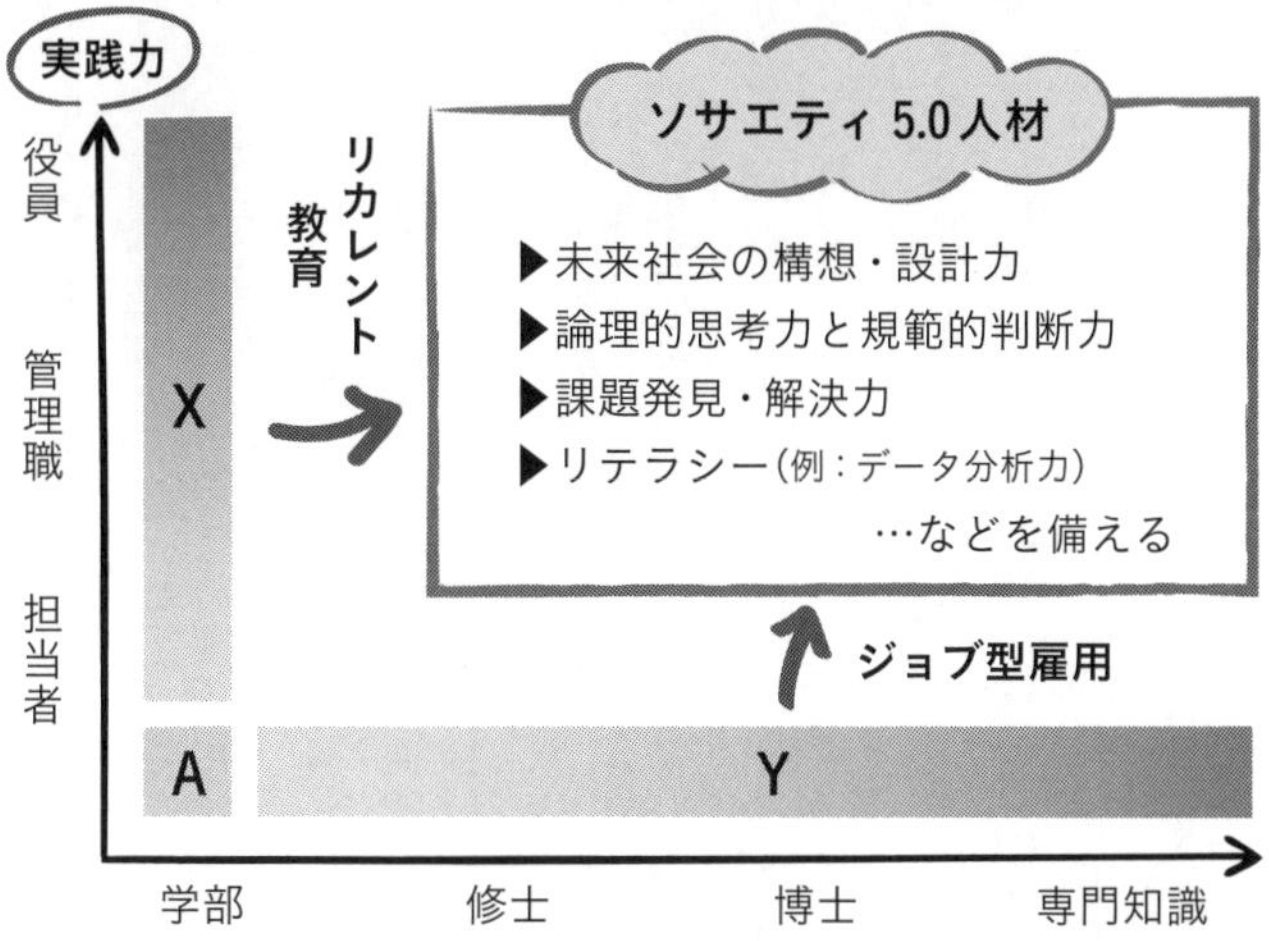

＊「日本経済新聞」2021/8/3朝刊（出所）の図版（宮田一雄さん作成）を基に作成。

つけて社会で活躍することが期待されます。Yの領域にいる人材は実践力を有しておらず、ジョブ型雇用によって企業での活躍の場を広げていくことが望まれるという構造です。実践力と専門知識を兼ね備えたソサエティ5・0人材が社会に増えていけば、日本経済に復活の兆しが見えてきます。

変わりつづける人事制度

こういった課題に実際に取り組む企業も出てきました。[22]

20　日本経済新聞 2020/5/25 朝刊。
21　日本経済新聞 2021/8/3 朝刊。
22　日本経済新聞 2022/5/2 朝刊。

メルカリでは、「PhD（博士）が活躍する職場をつくりたい」と掲げて、二〇二二年から国内大学院の博士課程に社員を送り出す仕組みができています。研究職以外の社員も対象で、原則三年間の学費を支給、時短勤務や休職を認めて、仕事と研究の両立に道が開かれることになりました。

研究テーマは、会社に有益で、経済発展や社会課題につながるものであれば何でもOKという、とてもやりがいのある制度です。大学側の取り組みとしても、早稲田大学を幹事とする国公私立の一三大学が、「パワー・エネルギー・プロフェッショナル育成プログラム」を二〇一八年にスタートさせました。

大手商社や電力会社の社員などが参加しており、プログラムを統括する早稲田大学教授の林泰弘さんは〈交渉力やマネジメント力も備えた世界で戦える博士を輩出したい〉と語っています。

こうした動きについて、経営競争基盤グループ会長の冨山和彦さんは〈今は存在しない仮説を立て、検証して一般的通用性を証明する。米国でPhDを取るまでの知的訓練は破壊的イノベーションそのもの〉と説明し、関西学院大学学長の村田治さんは〈学問で身につく大局観や学び続ける習慣、科学的に人を説得する技術は経営者になる訓練として有効だ〉と評価します。

図5　**今後予想される年収と専門性の関係**

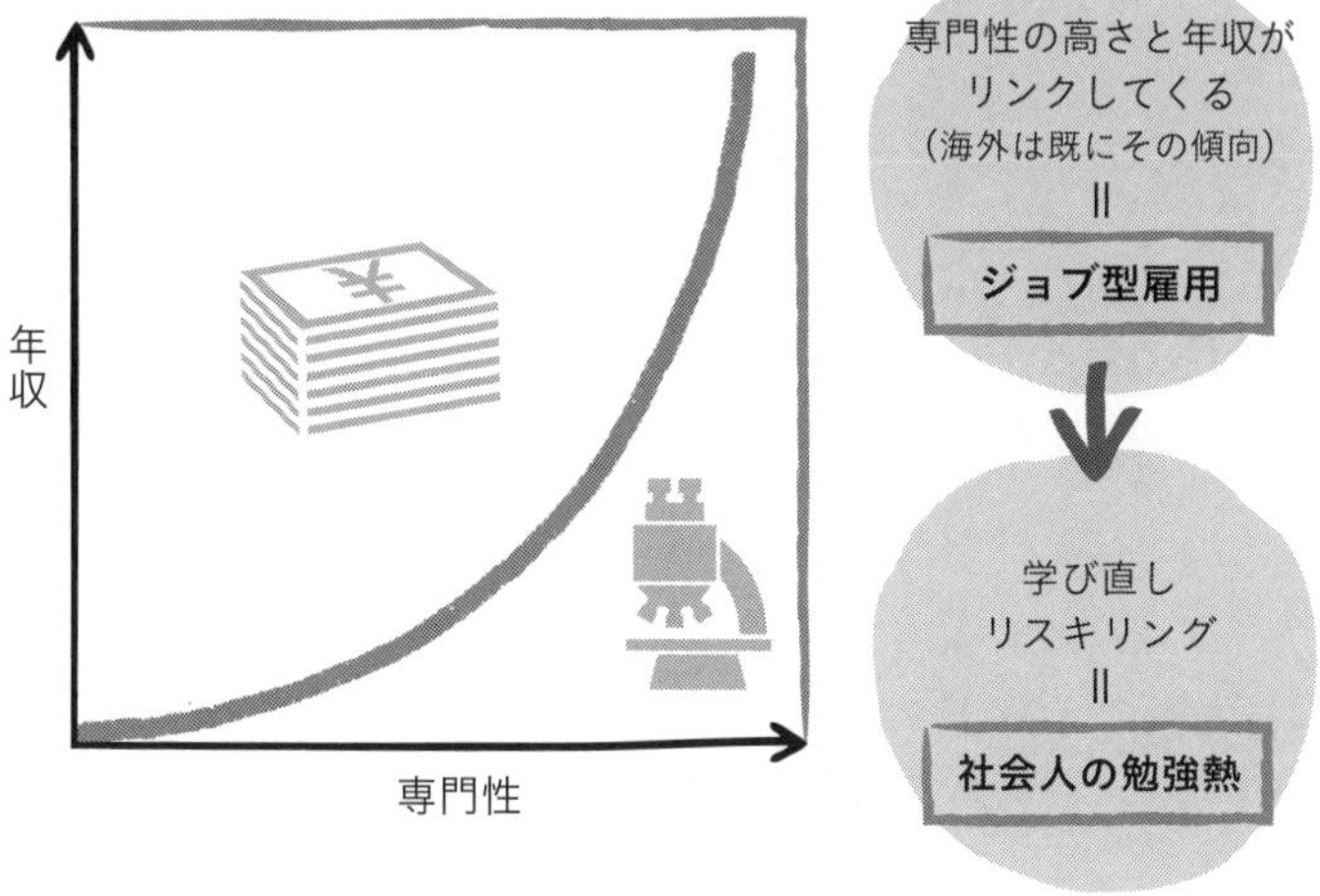

また、中央教育審議会会長（第一生命ホールディングス会長）の渡邉光一郎さんは、〈私の世代までは学部卒でも何とか堪えられた。これからは違う。大学も企業も変わり、仕事と学びの好循環を実現すべきだ〉とメッセージを送っています。

以上のように、あらゆる業種において仕事というものに対する価値観が変化しています。

標準化されたプロセスのなかで真面目に働いていれば、その働いた時間に対して給料が支払われてきた時代から、個性を活かして培われる専門性によって創出された価値に対して値付けがされるような世界に移り変わっているのです（↓59ページ図5）。

日々の仕事においてはあまり意識していないかもしれませんが、そういった時代と世界の変化に適応するように、会社の人事制度や雇用形態は着々と仕組みを整えていますので、ある日突然、「来期から新しい制度を導入します！」といった通達がされることになります。

本章でみてきたように、より若くて新しいスキルをもったエネルギーあふれる人材や、最新型のＡＩを搭載したシステムによって自動化される仕事など、今までと同じ調子で働いている人の価値を脅かす要因は次から次へと出てきますので、成長しつづけようとしていない人の処遇が、新しいルールのもとで良くなるとはなかなか考えづらいです。そこで重要になってくるのが、専門性だといえます。

幸いなことに、時代の変化が加速していることで、新しい専門性がどんどん生まれてくる状況になっているため、誰しもが専門性をアップデートしつづける必要があり、今はあまり専門性をもっていない人でも、これからひとつひとつ専門性を身につけていくことによって、自分ならではの「専門性のオリジナルブレンド」をつくっていくことができます。

さまざまな方面から今後のビジネスパーソンの生き方について警鐘が鳴らされています

ので、「そんなに急には変わらないでしょ」と自分が安心するための情報ばかりに重きを置くのではなく、先見性と戦略性をもって、プロフェッショナルとしての自分の専門性について考えることが大切です。

トレンド化した「リスキリング」

技術的失業の危機

これまでジェネラリストの総合職を採用して育成し、会社を支える軸としてきた日本企業が、経営環境の悪化に直面して、デジタルトランスフォーメーションに向けて社員のスキルを再開発しようという取り組みが、リスキリングです。この数年の間に、リスキリングは急速な盛り上がりをみせていますが、これはどういった変化の兆候なのでしょうか。リスキリング活況の背景には、「技術的失業」[23]の懸念があります。マッキンゼー

23　ゴダン（二〇二一）によると、「技術」という語を入れて最初に広く使われた言葉は「技術的失業」だったという。「技術変革」が「技術的失業」を生むという問題は、一九二〇年代から存在し、「技術的進歩」は経済の発展に寄与するが、それに順応できない人々は淘汰されてきた。

図6　2030年に予想される「技術的失業」と「専門人材不足」

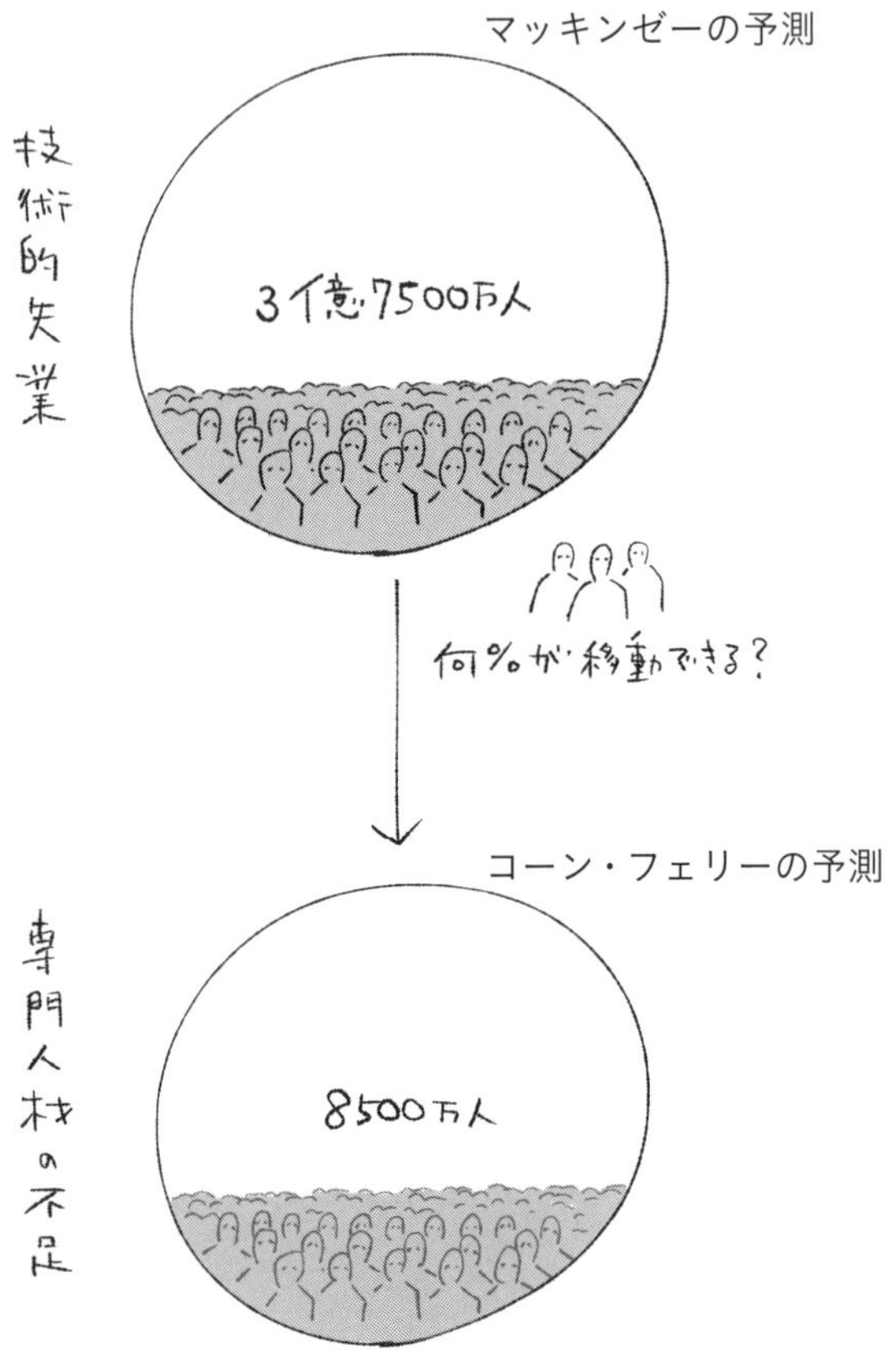

ビジネスパーソンとして生き残るには、
専門性の獲得が必須になる。

は二〇一七年、ＡＩやロボットが単純労働を代替し、二〇三〇年までに世界で最大三億七五〇〇万人が職種変更を迫られると予測しました。[24] その一方で、コーン・フェリーによると二〇三〇年に世界における専門人材の不足が、約八五〇〇万人に達すると推定しています。ここに、ビジネスパーソンに求められる専門性と、ビジネスパーソンが今もっている専門性との大きなギャップが存在しているのです（↓62ページ図6）。

世界経済フォーラム（ＷＥＦ）が二〇二〇年に発表した「将来必要なスキルへの投資」の国別ランキングで一位になったフィンランドは、一九九〇年代のソ連崩壊で機械や船舶の主要輸出先を失った際にＩＴ産業にシフトして通信機器のノキアなどを成長させましたが、スマートフォンの普及で再び失速したことを受けて、二〇一八年にＡＩの基礎知識をオンラインで学べるシステムを導入、三年間で国民の二％に履修させて人材の底上げを実現しました。フィンランドは転職経験者が働き手の六割に上り、社会人が大学や専門学校で職業教育を無償で受けられる仕組みもあります。

デンマークやスウェーデンなども含めて北欧諸国は、将来必要なスキル投資のスコアがいずれも上位で、過去一〇年間の労働生産性の伸び率が世界トップレベルになっています。日本もようやくリスキリングの必要性に気づき、国の重点政策として位置づけられる

24　日本経済新聞 2022/7/7 朝刊。

ようになり始めましたが、主要国と比べて周回遅れの状況です。

従業員からプロフェッショナルへ

日本はまだ、ジョブ型雇用ではなくメンバーシップ型雇用に慣れてしまっている状態のビジネスパーソンが多いため、「プロフェッショナル」というより「従業員」であるという意識が強く残っており、プロとしての専門性を磨くための学びがおろそかになってしまっています。プロのスポーツ選手は、試合以外の時間を使って自分の責任でしっかりと練習をするのが当たり前ですが、プロのビジネスパーソンは、仕事以外の時間を使って自分の責任でしっかりと学ぶ習慣のない人が多いです。

いまだに仕事のなかでしか仕事に必要な力をつけることができないと思っている人もおり、オン・ザ・ジョブトレーニング（OJT）とたまに参加する研修だけが学びの機会で、それさえやっていればライバルや競合他社を凌駕《りょうが》する力がつくと考えているのかもしれません。仕事以外の時間に自分で練習をして、プロとしての能力を磨こうとしてくれない社員が多いのを見かねて、eラーニングのシステムを充実させたり、リスキリングの機会を提供する企業が増えているのです。

この点について、パーソル総合研究所の小林祐児さんは、『リスキリングは経営課題：

日本企業の「学びとキャリア」考』（二〇二三）のなかで、日本のビジネスパーソンは世界的にみても圧倒的に学びの習慣がないことに着目し、〈この国の多くの人にとって、「学び」とは新人と学生が行う「お勉強」であって、社会人が行うようなものとして全く定着していません。相対的な意味では、日本はすでに「大人の学びの貧困社会」へと堕ちている〉と危惧します。遅ればせながら急に盛り上がりを見せるリスキリングについても、ベルトコンベアで社員にスキルを装塡して出荷するという「リスキリングの工場モデル」的な発想になってしまっており、古い詰め込み教育のようなプログラムが実施されていることを問題視しています。

一九六〇年代末から一九七〇年代にかけてヨーロッパで生まれた「リカレント教育」[25]のコンセプトが、大学での社会人教育や生涯学習など「企業以外の教育機関における学び直し」を想定しているのに対して、リスキリングは、会社におけるジョブチェンジを意識した「新しいスキルの獲得」を意味していると整理します。

リスキリングの概念は、ダボス会議をきっかけとして、DXの潮流に乗って、デジタル

25　一九七〇年前後のヨーロッパは不況に入ったことで、それまでの主流産業がそのまま伸びられなくなり、新たなマーケット開拓のため、産業構造そのものが変容しはじめ、重厚長大の古い産業に従事していた労働者が大量に失業した。産業の構造転換のなかで、古い産業で余った労働力を新たな産業で有効な人材に転換させていくために、大学をキャリアチェンジの機関として活用しようとするリカレント教育の考え方が生まれる（吉見、二〇二〇）。

シフトやデータ活用の高度化を目的としており、パーソル総合研究所の調査では「デジタル・リスキリング」（ITツールや統計データ解析、プログラミングなど）の経験者が、全国の正規雇用者全体の二割程度いることが示されています。

この調査結果で注目すべきは、〈知らない領域の知識を新しく学び直した経験がある〉〈新しく仕事の専門性を広げた経験がある〉という人が、三割程度いることです。〈知らない領域の知識を新しく学び続けている〉〈仕事の専門性を広げ続けている〉人も三割近くおり、〈新しく出てくる業務上のツールやスキルを学び続けている〉人よりも多い割合になっている点は、興味深いデータです。「ツール」や「スキル」といったこと以上に、「新しい知識」や「専門性」に対する関心があるということは、ビジネスパーソンの意識改革への兆しが見えつつある、と捉えられるのではないかと思います。

しかし小林さんが指摘するように、リスキリングがスキルに対するニーズを明確化することを前提としている点で、〈市場のスキル需要が変わる速度に適応できない〉という決定的な弱点があります。市場で求められるスキルの変化速度はどんどん速くなっており、今必要なスキルを身につけることだけでなく、〈学びへの「意思」を創ること〉自体がとても重要だと強調されています。

プロ意識をもつ

最近は、芸能人が大学で学び直すこともトレンド化しました。

二〇二三年は、タレントの恵俊彰さん、ラグビー元日本代表の五郎丸歩さん、サッカー元日本代表の川口能活さんと福西崇史さんが、早稲田大学大学院スポーツ科学研究科の修士課程を修了しています。小倉優子さんが白百合女子大学に入学したことも話題になりました。それ以外にも、ロンドンブーツ一号二号の田村淳さんは慶應義塾大学大学院メディアデザイン研究科を修了し、アナウンサーの永井美奈子さんは慶應義塾大学大学院政策・メディア研究科を修了、女優の秋吉久美子さんは早稲田大学大学院公共経営研究科を修了、女優の菊池桃子さんは法政大学大学院政策創造研究科を修了しています。タレントのいとうまい子さんは早稲田大学大学院人間科学研究科を修了して博士課程に在学中、芸人のエド・はるみさんは慶應義塾大学大学院システムデザイン・マネジメント研究科を修了して筑波大学大学院人間総合科学研究群の博士課程に在学中、芸人の東貴博さんは駒澤大学法学部に在学中、タレントのスザンヌさんは日本経済大学経営学部芸創プロデュース学科に在学中、歌手の相川七瀬は國學院大學神道文化学部に在学中です。

私の身近でも、電通の社員には、会社とは関係なく自主的に、早稲田のビジネススクールで学び直した人が何十人もいます。

社会人の学びについては、リスキリングがブームになる以前に書かれた立教大学教授の中原淳さんによる『働く大人のための「学び」の教科書』(二〇一八)で整理されている、働きながらいかに学ぶことができるかについての考え方が参考になります。

健康寿命が延びることに伴って長期化する仕事人生を全うするためには、特に仕事人生の後半で、時代の変化に応じて新たに必要になる知識を学び直し、自分を立て直すことが必要だとします。長いキャリアを歩むなかで遭難してしまう人の特徴として、過去の成功体験にあぐらをかいたり、変化することをためらったり、学びから逃げてしまうといった傾向が指摘されています。

そうならないように、大人が学びつづけるためには〈新たな環境変化に対して「好奇心」や「興味」を失うことなく、自分を常にモニタリングし〉〈他人に学びを強制されるのではなく自ら決める〉ことがポイントで、自分のキャリアや将来を組織まかせにしない、という意思の力が重要だとアドバイスをします。[26]

以上のように、リスキリングを研究するパーソル総合研究所の小林祐児さんも、大人の学びの専門家である中原淳さんも、「自律的に学ぶ意思」ということの大切さを同じく主張しているのです。リスキリングや学び直しといった社会人の勉強熱が徐々に高まっているのは、「このままだとヤバいかも」という危機感の表れとみてとれますが、欧米諸国に比べるとまだまだビジネスパーソンのプロ意識が低く、プロフェッショナルとしての自分はどういう専門性で戦っていて、専門性にどうやって磨きをかけていくか、といった流儀[27]は持ち合わせていない状態といえます。

とりわけデジタル・リスキリングなどは、必要に迫られて会社から要請されている学びですので、誰かに強制されるのではなく自ら学ぶ意思をもって、自分の時間を使って自主的に練習することが非常に重要です。

勤務時間というのはいわば試合中ですので、試合の中だけでうまくなろうとするのではなく、練習時間をしっかりと設けて、自分の技に磨きをかけるのがプロのビジネスパーソンとしての作法になります。ちゃんと練習をしないまま、ある日突然、英語を話せたりプレゼンがうまくなったり、プログラミングできるようになったりしないのと同様に、朝目覚めたら新しい専門性が身についていたということは、残念ながら起こらないのです。

26　具体的な行動として「本を一トン読む」「越境する」「フィードバックをとりに行く」「場をつくる」といった学び方を提示している。
27　NHK「プロフェッショナル 仕事の流儀」。(https://www.nhk.jp/p/professional/ts/8X88ZVMGV5/)

コラム

AI VS. 人間の頭脳

盤上の頭脳戦でコンピュータが人間を破って大きな衝撃を与えたのは、IBMのディープブルーが一九九七年に世界王者に勝ったチェスが最初です。[1]

二〇一三年には、将棋で現役のプロ棋士がコンピュータに敗北しますが、初手から終局までの局面はチェスが一〇の一二〇乗、将棋が一〇の二二〇乗あるのに対して、囲碁は一〇の三六〇乗通りあるといわれており、変化の数が桁違いに多いので、ゲームを題材としたAI研究において、囲碁は「最後の砦《とりで》」と考えられていました。

その囲碁で、二〇一五年にGoogle傘下のディープマインド社が開発した「アルファ碁」が、欧州チャンピオンと対戦して五戦全勝したという論文が、二〇一六年一月二八日付の英科学誌『ネイチャー』で発表されたのです。

その結果を受けて、二〇一六年三月に世界最強棋士のひとりである李世乭《イセドル》九段とアルファ碁が、賞金一〇〇万ドルを賭けて対戦することになりました。この勝負について、日本タイトル保持者の伊田篤史十段は、「僕でも受けて立つ。負けることはないと思う」とコメントしています。しかし、結果は四勝一敗でアルファ碁が勝利しました。[2]

敗北した李九段は、「まだ人間が相対できるレベルだと思う。アルファ碁を見ていると、人間の打つ手がすべて正しいのか疑問に思った。動揺しないで集中するところなどは、人間が追いつけない点だ」と感想を述べました。

この対戦から九カ月後、二〇一六年一二月二九日に中国の囲碁サイトでハンドルネーム「Master」なる棋士が参戦し、非公式ながら世界のトップ棋士とみられる対戦相手を次々と撃破し、六〇戦無敗という驚異の戦績を上げたというニュースが広がります。[3] 対戦相手には、世界一と評される柯潔《かけつ》九段や日本の井山裕太六冠も含まれており、二〇一七年一月五日にディープマインド社は、ハンドルネーム「Master」が「アルファ碁」の進化版であることを公表しました。

そしていよいよ、二〇一七年五月に賞金一五〇万ドルを賭けて、柯潔九段とアルファ碁が対戦する「囲碁AI対人間の最強決戦」が行われることになったのです。[4] この時点で、最初にアルファ碁の論文が発表されてから、一年三カ月しか経っていません。

頂上対決の結果は、アルファ碁の全勝でした。[5] 敗れた柯潔九段は「相手が完璧で力の差が大きすぎた。苦しくてたまらない。もうつらい思いはしたくない」と述べ、ディープマインド社のCEOは「これを最後に人間との対局を終える」と宣言しました。

この対局を見た井山裕太六冠は、「はっきり人間を超えたと思う。ただスポーツと同様、囲碁にも人間同士の戦いでしか与えられない感動が必ずあり、今後の棋士の戦いの価値が落ちるとは思わない」と語っています。一年半も経たないうちに、プロが負けることはないと思っていた状態から、世界ナンバー1でもまったく太刀打ちできないレベルまで到達したという事実は、恐ろしいスピード感です。

その後、ディープマインド社は「囲碁ファンへのスペシャルギフト」として、アルファ碁同士が対戦した棋譜五〇局を公開しました。[6] アルファ碁は、ディープラーニング（深層学習）によって、高段者の棋譜を写真のように画像として読み込み、各局面に応じた好手を学習して強くなりましたが、最終的には人類が積み重ねてきた棋譜だけでは教材が足りなくなり、アルファ碁同士が自己対戦を繰り返すことで能力を高めていったのです。公開された棋譜を見たプロ棋士たちは、これまでの常識では考えられない打ち手の連続に驚愕し、「こんな碁はいまだかつて見たことがない」と、囲碁界は騒然となりました。

　囲碁ＡＩに詳しい大橋拓文六段は「わけがわからない。人間が打つ囲碁と同じ競技とは思えない」とコメントし、世界戦を制覇した実績をもつ時越九段は「遠い未来で行われている対局のようだ」と感想を述べています。

　最終決戦の対局前に柯潔九段は「囲碁は人類の知恵の聖地。機械に譲り渡すわけにはいかない」と言っていましたが、ディープマインド社が開発に乗り出してからわずか三年で「勝てる見込みを一切抱かせなかった」と言わしめて、アルファ碁は圧倒的なパフォーマンスを盤上に残し、人間との戦いから引退しました。

　一連の戦いを経て、当時の新聞では「シンギュラリティは実社会に訪れるのか」ということが議論されています。[7] ＡＩ同士で対戦を何千万局も繰り返して人跡未踏の境地に達した棋界の衝撃が実社会にも及ぶことになれば、人間の能力を超えていくＡＩによって、仕事における人間の存在意義や社会のあり方が大きく変わる日が訪れるかもしれません。

　坂井秀至八段は、強さを追い求めてきた棋士のあり方について、「人間の棋譜で勉強する気がしなくなるかも。強さ以外の特徴をもつ棋士でなければ生き残れなくなるのではないか」と、ＡＩに勝てない人間の存在意義を問いました。

『ＡＩの衝撃：人工知能は人類の敵か』（二〇一

五）の著者である小林雅一さんは、「囲碁のようなボードゲームはＡＩの性能を測るメルクマールになってきた。小手試しは終わり、いよいよ社会の中枢に組み込まれていく」と予測していますが、ＣｈａｔＧＰＴの勢いをみると、ついに自分の仕事にもその脅威が迫ってきているように感じます。

アルファ碁の物語は、最後にさらなる衝撃を与えます。最終決戦から五カ月後の二〇一七年一〇月一八日にディープマインド社は、再び英科学誌『ネイチャー』に「人間の知識なしで囲碁を極める」と題した論文を発表しました。[8] 二〇一六年一月に発表した最初のアルファ碁は、二〇一六年三月に李九段に勝利しましたが、今回新たに開発した「アルファ碁ゼロ」は、そのアルファ碁に一〇〇戦全勝したと報告されています。しかも、人間の知恵に一切頼らず、ゼロから「独学」して、わずか数日で人類の到達点を超えたというのです。

「アルファ碁ゼロ」は、囲碁の基本的なルールを授けただけで、人間の棋譜を学習する手続きをすべて飛ばし、いきなりアルファ碁ゼロ同士での対戦に取り組みました。すると最初はめちゃくちゃな手を打ち合っていましたが、七〇時間の間に、一手〇・四秒の速さで四九〇万回の自己対戦を繰り返し、初代アルファ碁に一〇〇戦全勝。さらに自己対戦が二九〇〇万回に達した四〇日後には、初代の進化版としてネット上でトップ棋士たちに六〇連勝した「Master」に八九勝一一敗と圧勝したというのです。

ディープマインド社は、この技術を実社会に応用していくと宣言し、同社のデビッド・シルバー博士は、「まっさらの状態から学ばせる技術は、囲碁以外のどんな分野にでも応用できる」と語っています。[9]

以上のように、人類のなかでも優れた頭脳や思考力をもつ世界のトップ棋士たちが、その誇りをかけてＡＩとの戦いに挑みましたが、盤上の頭脳戦において人間は敗北しました。

アルファ碁は人間から学ぶことはもうなくなったとして引退しましたが、今や飛ぶ鳥を落とす勢いの藤井聡太七冠であっても、ＡＩに勝つことは不可能に近いと考えられます。人間の頭脳は身体の一部ですので、機械の人工知能とは違って、身体的な限界があります。無限に機械学習を繰り返せるＡＩに対して、人間ができる練習や試行錯誤の量は比べものにならないぐらい少ないのです。

したがって、ＡＩと同じ土俵で戦う、すなわち、ＡＩができることを仕事にしていると、確実に敗北することになります。

だとすれば、ビジネスパーソンが取るべき選択肢は、ＡＩが進化してもできないと思われる領域の専門性を身につけていくことです。自分の頭脳を使って生み出す知識がビジネスの成否を分ける時代に、人工知能が脅威になるのを常に意識する必要はありますが、ＡＩの進化を最大限に活用して、人間ならではの自分ならではの強みを磨くことが、キャリアを切り拓くための最善手になります。

1　朝日新聞 2016/2/18 朝刊。
2　朝日新聞 2016/3/16 朝刊。
3　朝日新聞 2017/1/5 夕刊、2017/1/12 夕刊。
4　朝日新聞 2017/4/11 朝刊。
5　朝日新聞 2017/5/28 朝刊。
6　朝日新聞 2017/6/2 夕刊。
7　朝日新聞 2017/6/9 朝刊。
8　朝日新聞 2017/11/10 朝刊
9　朝日新聞 2017/10/19 朝刊。

第2章 「専門性の身につけ方」が武器になる

専門性が求められる時代に、ビジネスパーソンが先を見通して戦略的に手を打っていくためには、どうすればよいのでしょうか。

慶應義塾大学教授の安宅和人さんは『シン・ニホン：AI×データ時代における日本の再生と人材育成』（二〇二〇）において、時代の変化というのは想像しているよりもはるかに速く起きるため、〈まだ数十年の労働人生が残っている現在の三〇代、四〇代以上には生き残りをかけたスキルの刷新が迫られている。やらないよりはマシである。「オワコン」（終わった人）にならないためには、MOOC、専門学校、大学などを活用しながら、リテラシーや人間力を鍛えていくことが望ましい〉としています。

今後の社会で求められるのは、〈時代の変化から生まれるリアルな課題解決にエキサイトする人〉であり、時間を売る時代は終わりを迎えて、アウトプットが仕事の成果になる時代になっていくと展望します。

自分自身のことを振り返っても、五年前、一〇年前に「自分の仕事やキャリアはこんな感じになっていくんだろうな」と、漠然と思い描いていた未来よりも、ずっと早く大きな変化が起こっているという実感があるのではないでしょうか。「五年後ぐらいにはこうなるかも」という変化は、実際には三年かそれよりも早く訪れてもおかしくありません。それぐらい時代の変化が加速しているということは、ビジネスで求められる専門性も、想像を上回るスピードで変化することになりますので、五年ぐらいは通用すると思っていた専門性が、一年後には使えなくなるといった事態が頻発します。

第1章でみてきたように、新たな専門分野が次々と出てくる知識基盤社会において、仕事で求められる専門性が高度化し、かつ、その移り変わりも加速することで、中途半端な専門性では稼げなくなるのであれば、これからの時代を生き抜くビジネスパーソンにとって、「専門性を身につけるスキル」がきわめて重要になってくるといえます。

しかし専門性というのは、身につけようと思ってもなかなか身につかないものだったりする、という難しさがあります。

専門性がなかなか身につかない理由

ビジネスパーソンが専門性を身につけるためには、まず自律的に学ぼうとする意思が重要だということをみてきましたが、自己啓発[1]や勉強法に関するビジネス書を読んでみても、仕事で認められるような専門性がなかなか身につかないケースは多くあります。

専門性を身につけることの必要性を理解し、主体的に学ぼうとしているにもかかわらず、専門性がなかなか身につかない理由は、いったいどういったことなのでしょうか。

ここでは、ビジネスパーソンが陥りがちな四つの失敗パターンを挙げて、詳しく掘り下げていきたいと思います。この四つのパターンにハマってしまうと、せっかく自律的に学ぶ意思をもってプロとしての練習に精を出しているにもかかわらず、なかなか専門性が身につかないということが起こります。

1　自己啓発の歴史については、大澤絢子『「修養」の日本近代：自分磨きの150年をたどる』（二〇二二）を参照。

すぐに役立ちそうな知識を吸収しようとする

＊専門性が身につかないパターン―

まず最初のパターンは、すぐに役立ちそうな知識あるいはすぐ使えそうな知識を吸収しようとするというビジネスパーソンです。

専門性を身につけるという観点から、なぜこの行動がダメかというと、すぐ役に立つことはすぐ役に立たなくなるからです。この言葉はさまざまなところで引用されていますが、その元をたどると、慶應義塾の塾長を務めた小泉信三さんが、『読書論』（一九五〇）において〈すぐ役に立つ本はすぐ役に立たなくなる本である〉という名言を残したことがオリジナルだと考えられます。

この言葉はどういう文脈で出てくるかといいますと、小泉信三さんが慶應義塾長の在任中に、藤原工業大学（現在の慶應義塾大学工学部）の設立に尽力し学長を兼任していた際に、学部長だった谷村豊太郎さんが「世間の実業家方面」からよく言われる「すぐ役に立つ人間を造ってもらいたい」という注文に対して、「すぐ役に立つ人間はすぐ役に立たなくなる人間だ」と応酬して、藤原工業大学では基本的理論をしっかりと教え込む方針を確立した、という逸話が元になっています。小泉さんは、「すぐ役に立つ人間はすぐ役に立たなくなる人間だ」というのは至言だとして、それと同様の意味において「すぐ役に立つ本はすぐ役に立たなくなる本である」と言ったのです。

そのうえで、ショーペンハウアーの「良書を読むには悪書を読まぬことを条件とする。人生は短く、時と力とは限られているから」という言葉を引用して、良書の選択が必要だと続けます。そして、読書の利益というものについて〈手取早い実用という意味ではない〉として、すぐ役に立つ本として六法全書や受験の過去問、料理本から電話帳、旅行案内までを挙げて、〈この種の本は、右から左へすぐ役には立つけれども、立ってしまえばそれ切りで、あとには何ものこらない〉と喝破しています。

すなわち、〈日本でいえば福沢諭吉の「学問のすゝめ」や「文明論之概略」のようなより現実的な名著を読んだからといって、そのすぐ翌日から〉〈どんな実利益があるとは誰れにも言えない〉と考えているのです。福沢諭吉については、〈明治の始めに学問の実用ということを強く説いた警世者であった。しかもその福沢が、学問はいわば無目的に、そのこと自体に熱中しなければ大成するものでないと訓《おし》えたのは、注意して聴くべきところである〉と述べています。

福沢諭吉が「実学」ということを重んじていたにもかかわらず、「役に立ちそう」「使えそう」ということを意識して学んでも、ものにならないと考えていたのは、非常に興味深い点です。

福沢諭吉は大阪にあった緒方洪庵《おがたこうあん》の適塾で学びましたが、〈江戸では学問が金になる。或いは立身出世の手段になる。大阪では全くその機会がない。したがって学問をするものは、ただ学問のために学問をする。これがかえって大阪の学問のために幸いした〉と語っていたことが紹介されています。

ここで重要なのは、「役に立つということの時間軸」を意識しなければならない点です。役に立つ知識の賞味期限がどんどん短くなるなかで、今すぐ役に立ちそうな知識を吸収しても、瞬く間に使えなくなってしまいます。そうやって役に立つ知識の吸収と発散を繰り返すような自転車操業をしていても、専門性は身についていきません。

この点について、東京大学名誉教授の吉見俊哉さん（二〇一六）は、「役に立つ」ということは多層的であるとみています。[2] 一年・三年で役に立つことと、五年・一〇年というスパンで役に立つことがあり、時間的な違いに加えて、会社にとって役に立つこと、産業にとって役に立つこと、国や社会にとって役に立つことなど、いくつものレベルの違いもあります。

また、役に立つという価値の軸は決して不変ではなく、価値の尺度は必ず変化すると示唆します。ひとつの価値軸にのめり込み、それが新たなものに変わったときにまったく対応できないということは避けなければなりません。価値の尺度が劇的に変化する現代において、前提としていたはずの目的が、一瞬でひっくり返ってしまうことは珍しくありません。つまり、ＶＵＣＡと呼ばれる「変動性」（Volatility）「不確実性」（Uncertainty）「複雑性」（Complexity）「曖昧性」（Ambiguity）がうずまく時代のなかでは、すぐ役に立ちそう（使えそう）という基準はきわめて短絡的なものであり、本質的な学びには結びついていかないことになります。

年収をアップさせるために勉強する

＊専門性が身につかないパターン2

専門性がなかなか身につかない二つめのパターンは、お金を目的に勉強するビジネスパーソンです。

お金を目的にすると、それ以外のことはすべて手段になりますので、手段としての勉強がお金を稼ぐことに寄与する時期もあると思いますが、専門性を身につけてそれをブラッシュアップしていくという観点では、お金をモチベーションにした勉強はいずれどこかで限界が訪れることになります。

この点について、一橋大学教授の楠木建さんは『「好き嫌い」と才能』（二〇一六）のなか

2　吉見俊哉『「文系学部廃止」の衝撃』（二〇一六）集英社。

で、「好きこそものの上手なれ」が、最強の原理原則だと主張しています。「余人をもって代えがたい」ほどそのことに優れているのは、それに向かって絶え間なく努力を投入し、試行錯誤を重ねてきたからにほかなりません。高水準の努力を持続するためには、インセンティブ（何か良いこと）が必要になりますが、「外在的に設定された報酬」は遅かれ早かれ終わりがくることになり、その効果は時間とともに低減していき、自分の状況に満足してしまったり、ネガティブな状況に陥ってインセンティブが効かなくなると、努力する目的や意義を喪失し、努力を停止してしまうところに問題があると指摘します。

そこで、インセンティブに頼らずに努力しつづけるためには、「努力の娯楽化」「無努力主義」（エフォートレス）、すなわち「本人がそれを努力だとは思っていない」「むしろ楽しんでいる」という状態にもっていくのが一番だと結論づけています。

〈自分が好きだと思えることの先にしか才能の開花はない。好きなことを自己発見するのが先決である〉〈そのことが好きであれば、すぐに成果や報酬に結びつかなくても苦にならない〉といった発想の転換は、ビジネスパーソンにとって大変重要です。「嫌いなことをやらない」という戦略は、専門性を身につけるために欠かせません。

何かを学ぶといったような高次の活動においては、外発的な動機づけ（お金など）よりも内発的な動機づけ（好きだから）が大切だという指摘は数多くあります。[3] 内発的な動機づけの源になるのは、知的好奇心と自律性だと考えられており、第1章でみたような自律的な学びの意思というのはこれに該当します。

お金や周りからの賞賛、自己顕示欲が満たされるといったご褒美を目当てに勉強するのではなく、自分が好きなこと、やりたいと思うこと、面白いと感じることを見つけて、内発的動機づけで動いたほうが、専門性を身につける近道になります。好きでやっている人には勝てない、ということを示す代表的な事例として、118ページのコラムでは、MLBで活躍する大谷翔平選手のストーリーを紹介します。

過去の実績や経験に価値を置いている
＊専門性が身につかないパターン3

ビジネスパーソンが陥りがちな三つめのパターンは、学びよりも過去の実績や経験に価値を置いていることで、専門性がアップデートされずに錆《さ》びついてしまうといった事態です。

たとえアルゼンチンのメッシ選手であったとしても、ワールドカップで優勝してから練

3　https://fukutake.iii.u-tokyo.ac.jp/ylab/2015/07/post-587.html

習を怠っていれば、卓越したスペシャリティは日々鈍っていきます。サッカー史上最高の才能をもつといわれるメッシ選手でも、毎日練習しなければ次世代のプレイヤーに抜かれていってしまうのに、一介のビジネスパーソンが練習（学び）をおろそかにして過去の栄光を振りかざしていては、たちまち時代に取り残されていってしまうことは目に見えています。

これは選手に限ったことではありません。サッカーの世界でも、競争に勝つための戦略や戦術は日進月歩ですので、世界一となってジュール・リメ杯を手にした国の戦い方が、四年後のワールドカップでも通用するようなことはまずないのです。

したがって、各国の代表監督は、日々世界のサッカーの戦略や戦術を研究して、新しい戦い方を追求することで、監督としての専門性に磨きをかけています。名将と呼ばれるような監督が、過去の栄光を振りかざして戦うようなことはしません。今、目の前で行われている戦いにおいては、まったく役に立たないからです。

ビジネスの世界についても、コンサルタントの山口周さんが『知的戦闘力を高める独学の技法』（二〇一七）において、「知識の不良債権化」という現象を指摘しています。

知識の不良債権化とは、〈学んだ知識が富を生み出す期間がどんどん短くなってきている〉すなわち〈知識のおいしい時期、いわば「旬」が、どんどん短くなっている〉ということです。したがって、〈自分が過去に学んだ知識をどんどん償却しながら、新しい知識を仕入れていくことが必要〉になります。

「旬の寿命」が短くなっているのは、知識だけでなく、企業や事業も同様です。多くの産業において「イノベーション」が最重要課題となっており、これまでの価値提供の仕組みを根底から覆すような変革を実現することが求められるため、さまざまな領域で急激な産業構造の変化が引き起こされて、そこに携わる多くの人々は望むと望まざるとにかかわらず、自分の専門領域やキャリアドメインを変更していくことを余儀なくされると示唆します。

つまり、現代社会では「知の陳腐化」が加速しており、ビジネスで価値を生むような専門性の移り変わりがますます早くなっているということです。

ですから、自分が専門家として過去に携わってきた仕事の実績や経験にいつまでも価値を置いていると、専門性がアップデートされていきません。知識が陳腐化していくことを前提として、専門知識をアップデートしつづけようという気持ちがないと、過去の時点では専門家だったとしても、現在や未来における専門家ではなくなってしまうということになります。

特にマーケティングの専門領域においては、デジタルマーケティングが主流になって以降、デジタルを中心にまわる世界を前提に置いていないようなマーケティングの理論は、ほとんど使い物にならなくなっているといった変化が、その象徴的な例です。

こうしたビジネスの環境変化が激しい時代においては、ビジネスパーソンは自分の専門性が賞味期限切れになっていないか、あるいは、旬の時期を過ぎてお客さんにとっておいしくないものになっていないかを、ちゃんと棚卸しする必要があります。

アンティークやヴィンテージになるような専門性があればいいのですが、単に中古品のような専門性を並べていても、お客さんは徐々に来なくなってしまうでしょう。時代の変化に即したアップデートを意識しなければならないというのは、今に始まったことではなく、はるか以前からずっと言われつづけていることでもあります。

スタンフォード大学教授のジョン・W・ガードナーさんは、名著『自己革新：成長しつづけるための考え方』（二〇一二）のなかで、生命と世界は絶えず進化しつづけており、その流れから逃れることはできないため、常に変化しつづけるシステムのなかで生きる人々にとっては、「自己革新」が重要であると述べています。原著は『Self-Renewal: The Individual and the Innovative Society』というタイトルで、今から約六〇年前の一九六四年に初版が刊行され、一九九五年に改訂版が出版されました。

現在でもその内容は色あせておらず、〈個人、組織、社会のなかには、成長をつづけ、成熟するとともに繁栄するものもあれば、衰退し、活力を失ってしまうものもある。これはいったい、なぜだろう？〉という問いを立てて、その違いを生むのが「自己革新」であると答えを出しているのです。

変化という現実に向き合えないと、堕落してしまうことになります。堕落を招く要因は強力で、あらゆる人に例外なく当てはまり、富や権力、地位、名誉、その他あらゆる世間的な保証をもってしても避けることはできず、実際、堕落というものは、世間的な保証がもっとも保たれているように思えるところにこそ、もっとも早く広がると示唆し、次のようなメッセージを送っています。

〈人生というものは、列車で旅するようにはいかない。目的地を選び、切符を買い、座席に座って居眠りをしていればよいというわけにはいかないのだ。人生はオートバイで旅するようなものだ。シートにまたがり、でこぼこ道に絶えずバランスをとりながら、進むべき道を考えつつ進むのである。簡単ではない。ときには苦痛ですらある。しかし、人生を寝て過ごすよりは、ずっとましだ〉

自己革新を実現するには、絶え間なくバランスを失っては取り戻すことを繰り返しながら、未来のために創造性を発揮することが大切だと強調しているのです。

たとえば、一〇〇年以上にわたって輝きを放ちつづけているグッチやシャネル、ルイ・ヴィトンといったラグジュアリーブランドは、歴史的に積み重ねてきたブランドのアイデンティティをずっと守りながらも、毎シーズン行われるファッションショーでは、いつも新しいコンセプトやイノベーティブな世界観を打ち出しています。これは、松尾芭蕉が示した俳諧《はいかい》の理念としての「不易流行」[4]を、まさに実践しているといえます。すなわち、時代に応じて新しさを求めて変化をすること自体が世の常であるため、いつまでも変わらないもののなかに新しい変化を取り入れるということです。

長い歴史を誇るラグジュアリーブランドが、新進気鋭のブランドと対峙したとしても、そのクリエイティビティを発揮することができるのは、そういった「伝統と革新」のスピリットを失わずに、そのバランスを保っているからだといえます。

専門性を身につけるためには、こうした自己革新を念頭に置きながら、過去よりも未来に目を向ける必要がある理由として、現代のビジネスでは「すでに答えが存在する問題」に取り組むのではなく、「まだ答えがない問題」に取り組むことが求められているという点が挙げられます。

前出の山口周さんは『ニュータイプの時代：新時代を生き抜く24の思考・行動様式』

（二〇一九）のなかで、二〇世紀後半は「正解を出せる能力」が労働市場で高く評価されて高水準の報酬を得ることにつながっていましたが、現代社会においては「正解のコモディティ化」が起こっており、与えられた問題を解くことは人工知能の得意領域でもあるため、今後は正解を出す能力の価値が認められなくなっていくと予見しています。つまり、ビジネスの価値を創出するポイントが「問題を解く」ことから「問題を発見する」「問題を提起する」ことにシフトするということです。

また、ビジネスの環境変化がこれまで以上に速くなっていくことによって、過去に蓄積された経験の価値がどんどん低減していく「経験の無価値化」が起こると指摘します。経験豊富といった要件が無条件に評価されることはなくなり、〈過去に蓄積した経験に依存しつづけようとする人は早急に人財価値を減損させる一方で、新しい環境から柔軟に学び続ける人が価値を生み出す〉ことになるのです。

とりわけ日本企業においては、経験豊富ということが水戸黄門の印籠《いんろう》のように使われており、過去の成功体験から抜け出せなくなるケースが頻出しています。

マーケティングの世界でも、テレビがメディアの王様だった時代に活躍したマーケター

4　https://domani.shogakukan.co.jp/619595

の知見は、経験豊富として評価されるようなものではまったくなくなっており、今となってはむしろそうした成功体験は有害といわれてもおかしくありません。

サッカーの例からもわかるように、一度うまくいったやり方は、瞬く間に世界中で研究されて模倣されることになりますので、いったん世に出た成功事例は、これから行われる競争においては、その対応方法が織り込み済みになっていると考えたほうがいいです。よほどマネするのが難しい要因や、まだバレていないポイントがない限りは、「あ、その戦法ね」ということで、それを踏まえた次の局面をどう戦うかが重要になります。

ビジネスの世界でも、まずは他社のベストプラクティスやロールモデルを調べて集めてといったことが、あらゆるところで行われていますので、それらを知ること自体は競争優位性を生むことにはつながらず、「で、どうする？」を考えて、これまでにない知恵を編み出せるかどうかが勝負の分かれ目になるといえます。

仕事に直結する専門分野しか目に入らない
＊専門性が身につかないパターン4

専門性を身につけようとして、ビジネスパーソンが良かれと思ってやってしまう四つめのパターンは、今の仕事に直結する専門分野しか眼中になく、自分の興味・関心を吟味しないまま手をつけた結果、専門性がなかなか身につかずアップデートもされていかないことが発生します。

専門性を身につけるためには、「やらなきゃ」「やったほうがいい」ということよりも、「やりたい」という気持ちを推進力にして取り組んだほうが、断然速いです。

自分が今やっている仕事に関わる専門分野が、本当に自分の好きなことであれば、知的好奇心をエンジンにして専門性を身につけることができるかもしれませんが、自分の時間を使ってやろうと思えないことに頑張って時間を費やしても、専門性が身につかない可能性が高いといえます。

またこれまでみてきたように、今の仕事に必要な専門性を身につけたとしても、専門性の移り変わりが速くなっているため、今後もずっとその領域で生きていく可能性よりも、これからの仕事人生のなかで全然違った領域に携わることになる可能性のほうが大きいと考えられます。

したがって、現在の仕事に直結するような専門分野しか選択肢に入れないのではなく、より自由な視点で、自分が面白いと思える分野に目を向けて、「専門性の身につけ方」自体を習得することが、長い仕事人生においては強力な武器になります。

今の仕事に関わる専門分野以外の領域に目を向ける必要性に関して、東京工業大学リベラルアーツセンター篇『池上彰の教養のススメ』（二〇一四）では、ビジネスの世界において、ルールや制度があっという間に変わっていくことを意識するのが重要だとしています。これまで当たり前だと思っていたルールが簡単に変わってしまうケースはしばしば起こるため、与えられた条件を疑って、自らの力で新しい市場を生み出す発想をもち、ルールをつくる側に回ることを目指すべきと指摘します。

すなわち、ルールや条件はすべて誰かがつくったものであって、あっけなく壊れたりそのまま続いていかないことを前提に、あらゆる変化が想定外ではなくなるような視座をもつのが大切だということです。

企業会計における制度改正がたびたび行われることからもわかりますが、ルールが変更されれば企業の行動はガラリと変わりますし、新しいネットビジネスなどではルールがないことを利用したり、ネット広告においてルールの抜け穴を狙った不正とその取り締まりのいたちごっこが起こったりもします。ルールがコロコロ変わるというのは、スポーツの世界でも頻繁に起こっていますので、ルールを絶対的なものだと考えてはいけないということがイメージしやすいかもしれません。

たとえば一九九八年の長野オリンピックでは、スキージャンプの男子団体で日本が金メダルを獲得しましたが、その後スキー板の長さに関して、「身長＋最大八〇㎝」から「身長の一四六％」にルール改正されたことで、身長が高い人が有利になる現象が起きています。また一九八八年のソウルオリンピックでは、競泳男子一〇〇m背泳ぎに出場した鈴木大地選手が、自らの代名詞であるバサロ泳法を駆使して金メダルに輝きました。このひとつ前のロサンゼルスオリンピックでバサロ泳法を使って泳いだのは、鈴木大地選手ただひとりでしたので、中学生の頃から一九七〇年代に開発されたバサロ泳法に着目し研究してきた第一人者といえます。長年にわたる練習の成果が実って金メダルを獲った決勝では、三〇m以上にわたってバサロ泳法を活用しましたが、このオリンピック直後にバサロ泳法は一〇mまでというルール変更が行われました（一九九一年に一五mまで緩和）。どちらのケースも、日本選手が勝った直後にルール変更が行われるのは、ちょっと露骨すぎるのではと思ってしまいますが、国際的な感覚では、ルールというのはそんなに絶対的なものではないという前提があることがわかります。

こういった明確なルール変更だけではなく、ビジネスにおいては画期的な商品・サービスの登場によって、世界が一変することが起こります。ゲームチェンジャーと呼ばれる、iPhoneやAmazon、Netflixなどが、その例です。

従来の枠組みや常識・ルールがまったく通用しなくなる『ゲームチェンジの世界史』（二〇二二）に着目した河合塾講師の神野正史さんは、〈泰平の世であれば、「昨日までの常識や規則が明日以降もつづき」ますから、何か事を起こすときにいちいち頭をフル回転し、智慧を絞って方法論を考えずとも、ただ〝前例〟に従って事務的に粛々と仕事をこなせばたいていうまくいきます〉が、ひとたびゲームチェンジが起こると〈〝前例主義〟が役に立たなくなり、何をどうすればうまくいくのか・いかないのかをいちいち考え、判断し、行動しなければならなくなります〉と述べています。

ゲームチェンジ後の世界では、「旧に属する者」は例外なく歴史によって抹殺されるとして、新時代が到来しているのに、それを理解できずに古いルールに従って動けば、その先に待ち受けるものは破滅一択だといいます。

有史以来、ゲームチェンジが起きたときに「旧」に属し、「新」に逆らった者が生き延びた事例はひとつたりとも存在しないため、次のような四つの行動指針を示しています。

①〈今我々が「ゲームチェンジ」の只中に生きていることを歴史から学び、肝に銘じること〉

②〈つねに社会の動きにアンテナを張り、何が〝新〟で何が〝旧〟かを考えること〉

③〈常日頃から己が〝旧に属する者〟とならぬよう〝旧〟から距離を置き、いざ事

を起こすときには〝新〟に向かって舵を切ること〉

④〈もし「自分では新旧の判断が付かない」というのであれば、自らは動かず、時代の波を読み、これに乗った者に付いていくこと〉

こうしたルール変更やゲームチェンジのもっとも恐ろしい例は、戦争です。

二〇二二年のロシアによるウクライナ侵攻もそうですが、暴力によって一方的な国境線の変更が行われることで、秩序を保っていたルールがいとも簡単に崩壊してしまいます。また近年では、自律型致死兵器システム（LAWS）が戦争のゲームチェンジを引き起こしてしまう危険性について議論が活発化しており、明確なルールが規定されないまま、水面下での開発競争が進んでいる可能性があります。自律型致死兵器システムとは、いわゆる殺人ロボットで、人工知能を搭載して自動的に人を殺しつづける兵器です。こんなものが戦場に送り込まれてしまえば、これまでの戦争というものの概念が一変してしまうことになります。

以上のように、企業やビジネスを取り巻く現在の市場環境、および、その根底にある常識とルール、そしてビジネスパーソンとしての自分が置かれている立場などは、いつなんどき、そのすべてが変わってしまう可能性を常にはらんでいます。

そんななかで、今、自分がやっている仕事に関わることだけにしか目が向けられないのは、あまりにも視野狭窄《きょうさく》で、大局観がないといえます。ゲームチェンジによってあっという間にルールや前提が変わり、自分が旧に属する者になってしまうかわからない時代のなかで、今の仕事に直結することしか目に入らないという視座の低さは、大変危険です。

この点に関して前出の本で池上彰さんは、〈今の時点で自分にはいちばん役に立たなそうな学問にアプローチしてみる〉もしくは〈自分の専門分野からなるべく遠い分野の学問に手を出してみる〉ことを勧めています。そうすれば、複眼的思考を身につけることができるからです。それを実践した事例として、アップル創業者のスティーブ・ジョブズさんを挙げます。

スティーブ・ジョブズさんは、大学をドロップアウトして起業しましたが、ドロップアウトした後に大学に戻って唯一ちゃんと学んでいたのは、コンピュータでもＩＴでも経営学でもなく、カリグラフィー（ペンによる西洋書道）でした。この経験についてスティーブ・ジョブズさんは、「カリグラフィーの面白さにハマった。カリグラフィーに傾倒したからこそ、アップルの初代コンピュータ、マッキントッシュを生むことができた。文字フォントの見栄えに徹底的にこだわること。ユーザーインターフェースを妥協なくデザインすること。持って触って気持ちのいい製品デザインを体現すること。カリグラフィーが私の原点だ」と語ったそうです。

このような観点を踏まえて、自分の専門性を近視眼的に捉えるのではなく、未来に向けて広がっていく世界を見据えながら考えることが大切だといえます。

「専門性の身につけ方」を身につけよう

専門性を仕事に活かす好例

ここまで「専門性がなかなか身につかない理由」として、「すぐに役立ちそうな知識（使えそうな知識）を吸収しようとする」「年収をアップさせるために勉強する」「過去の実績や経験に価値を置いている」「仕事に直結する専門分野しか目に入らない」の四つを指摘しましたが、専門性をしっかりと身につけてビジネスで活躍している例としては、「デジタルアート」という新しいビジネス領域を開拓した、チームラボの猪子寿之さんがイメージしやすいかと思います。猪子さんは徳島の県立高校を卒業後、東京大学工学部計数工学科で、主に数学を専門に学びました。

大学を出たときにチームラボを創業するとともに、東京大学大学院学際情報学府に進学しています。学際[5]とは、いくつもの専門領域にまたがって研究することを意味しますが、猪子さんが書いた修士論文は「デジタルテクノロジーを用いた芸術表現の探求とその実践」というタイトルで、自分のやりたいことがはっきりして、テクノロジーとクリエイティブを融合させた新たな道を切り拓いていこうという追求心が感じられる内容です。

その後、チームラボはまさにこの研究の延長線上で、これまで存在しなかったような独自のビジネス領域を開拓しつづけて、世界から注目を集める企業になっています。

猪子さんと一緒にチームラボを立ち上げた堺大輔さんも、東京大学工学部機械情報工学科でロボットを専門に学んだ後、大学院学際情報学府での研究をまとめた「マーケティングテクノロジーを用いたビジネススキームの構成法とその実践」という修士論文があります。猪子さん、堺さんとともに、現在チームラボの取締役を務める田村哲也さん、吉村譲さんも、公式ホームページの役員紹介で、大学でどんな研究をしたかを記載しており、専門性というものを大事にしていることが伝わってきます。[6]

専門性を身につける「型」

それでは、専門性がなかなか身につかないパターンにハマることなく、専門性をしっかりと身につけるためには、いったいどうすればよいのでしょうか。

その近道は、「専門性の身につけ方」を身につけることです。言い換えると、「専門性を身につけるスキル」が重要、ということになります。そして、ここがもっとも大切なポイントになりますが、専門性の身につけ方というのは、「型化《かたか》」されています。

第1章でみてきたように、新たな専門分野が次々と出てくる知識社会において、簡単にＡＩに取って代わられないようなレベルの専門性を、よりスピーディーに自分のものにしていくためには、専門性を身につける「型《かた》」を習得することが、きわめて重要だといえます。

専門知識という「形《かたち》」になったものよりもまず、専門性を身につける「型」を身につけることの大切さについては、東北大学名誉教授の源 了圓《みなもとりょうえん》さんが著した『型』（一九八九）という本のなかで、深く掘り下げられています。

「形」と「型」は同じものではなく、具体的に「形」となって現れるものの土台に「型」

5　「国際」が国と国を越境するのと同様に、「学際」は学問と学問を越境するイメージ。
6　https://www.team-lab.com/about/

があり、「型」というのはさまざまな用い方の結晶のようなものだと考えられます。さまざまな経験が蓄積され、試行錯誤を繰り返しているうちに、無駄なものがすっかりなくなって、機能性・合理性・安定性をもつようになったとき、それが「型」になるということです。そうやって洗練されてできあがった「型」には、再現性があります。

このことを踏まえて、専門的な知識を生み出すということを、繰り返し繰り返しやっているのはどこかというのを考えますと、大学の研究ということになります。はるか昔からずっと専門性を追い求めてきたやり方は、長い歴史を積み重ねることによって「型化」されているのです。専門性を身につける「型」を習得している大学教授の人たちは、みんな何らかの領域で高い専門性をもっていますので、ビジネスパーソンは研究に打ち込む必要はまったくないですが、専門性を身につける「型」を知ることで、専門性の移り変わりが速い時代に適応するためのスキルを習得することができます。

「型無し」と「型破り」の違い

この点に関して、歌舞伎役者の一八代目・中村勘三郎さんは、「型があるから型破り、型がなければただの型無し」という格言を大切にしていたといわれています。唐十郎さんのアングラ演劇を目にして「これこそ歌舞伎の原点だ」と衝撃を受けた勘三郎さんが、先代の勘三郎さん（父親）に対して「俺もあのような歌舞伎がしたい」と直訴したところ、「百年早い。そんなことを考えている間に百回稽古しろ」と言われてしまったという話があります。[7]そんな折、僧侶の無着成恭さんが、TBSラジオの「全国こども電話相談室」という番組内で「型破りと型無しの違いはなんですか？」という子どもの質問に対して、型がある人間が型を破ると「型破り」、型がない人間が型を破ったら「型無し」と回答したのを、勘三郎さんが耳にしたことで、先代の教えの意味を理解し、徹底的に型を習得するようになったという逸話です。

また、三代目・市川猿之助さんも「『型破り』という言葉がありますが、『型』を知っていて『破る』から効果があるのです。『型』を理解しないまま、自己流でむちゃをするのは『型無し』という行為。この違いを認識しなければなりません」と述べています。[8]

現代のビジネスパーソンも、専門性を身につける「型」がないままに、専門性を身につけようとするのは、まさに「型無し」の状態だといえます。ですから、型無し状態で専門性を身につけようとしてあれこれと手を出すよりも、まずは、すでに型化されている「専

7　https://j-union.com/-/ad-info/nlog/viewer/view.php?ID=326&CID=7663&AID=63613&T=kiji
8　電通報 2010/9/20。

門性の身につけ方」を習得することが、とても大切になります。

「型」の有用性については、歌舞伎役者の坂東玉三郎さんが、型を「スポーツのフォームのようなもの」と表現し、型を習得することによって「応用可能なものと、そこから外れるものとの的確な見分けがつくようになる」と語ったといいます。また源了圓さんは、江戸千家の宗匠・川上不白さんがつくった「守・破・離」[9]という型に、日本文化に根差した豊かな普遍性があるとみています。

「守・破・離」は、個人が「技」（ビジネスでいうところの「スキル」）を自分のものにしていく過程で、時間的契機を捉えた型が示されており、まずは「守」＝「型を守る」ことの重要性が強調されているのです。

「守・破・離」の型を体現してみせた例としては、パブロ・ピカソがイメージしやすいと思います。ピカソといえば「ゲルニカ」が有名ですが、最初からあのような画風であったわけではなく、少年時代は写実的な絵を描いており、本物のように見えるずば抜けた描写力をもっていました。その後、リアリズムを追求する近代芸術からよりアヴァンギャルドなスタイルへと変貌していき、キュビズムと呼ばれるまったく新しい技法を編み出すことによって、抽象画に代表される型破りな美術表現を確立していったのです。ピカソが晩年になって、「ようやく子供のような絵が描けるようになった」という境地に至ることができたのは、型無しのまま突き進むのではなく、はじめにしっかりと「型」を身につけていたからだと考えられます。

「新たな価値」（ナレッジ）を生み出せる人材になる

知識創造が価値の源泉

専門性を身につける「型」の重要性を理解したところで、ビジネスパーソンが「型」を学ぶことによって、どういったことができるようになるのでしょうか。

それは、自分の仕事において「ビジネスの新たな価値となる知識」＝「ナレッジ」を創造できるようになります。

第1章でみたように、現代のビジネスパーソンは、自分の頭を使って仕事をして、顧客

9 安土桃山時代の茶人・千利休が、その教えを和歌の形式で残し、それを江戸時代に川上不白がまとめた。「守」は、ひたすら物まねをする、倣う段階。「破」は、「守」で身につけたものを応用し、自分なりの個性を出していく。「離」は、これまでのものに縛られず、自由に創造することである（電通報 2010/9/20）。

や社会に対する価値を生み出すことが求められているため、専門性とはすなわち「知識創造」に関わる活動を意味しています。新たな価値となるナレッジを生み出せない人材は、これから茨《いばら》の道が待ち受けていることが予想されますので、専門性を身につける型を習得することで、「無用者階級」落ちを避けることができます。

知識創造やナレッジがいかに重要かということについては、日本を代表する経営学者の野中郁次郎さんらが、『知識創造の方法論：ナレッジワーカーの作法』（二〇〇三）で〈知識こそ企業にとって最大の価値創造の源泉である〉と述べているとおり、知識基盤社会のもとで〈いかに新たな知識を生み出せるか〉が、企業にとってもっとも重要な競争力になっています。

企業活動において、かつては工場（ハード、製品）が経済的価値を創出していましたが、現在は問題解決（ソリューション）やサービスあるいはバリューチェーンに変化していると して、業種・業界を問わず〈ナレッジワーカーは一人一人が個性的に働く。その彼らがネットワークで知を結集する。すなわち、知識社会においては、二〇世紀とは違う、新たな知のあり方が不可欠になっているのです。ただしそれは同時に持続的な知的錬磨を怠れば脱落するという危険を孕んだ非常に厳しい時代でもあります〉と言及しています。

この本はちょうど二〇年前に書かれていますが、知識創造の重要性を認識できずに知的鍛錬を怠るビジネスパーソンが多いことを、「日本を覆う知的貧困」として捉える問題意識は、現在の日本がまさに直面している現実です。

日本のビジネスパーソンは、簡単な考えや段取りをまとめられても、世の中を動かすような重みのある概念を組み立てられるのか？　という問いが投げかけられています。とりわけ欧米に比べて集団的に調整業務を行うという組織慣習に起因して、実務処理の能力はあっても、考えていることをまとめてもA4にすると二、三枚ぐらいで終わってしまうといったように、概念構築や思考の深さという点で劣っているという指摘があります。

〈徹底的議論や革新的思考より、過去の経験や組織的心情、常識あるいは一般通念に依って立って仕事をこなす〉ような組織の知的貧困に巻き込まれて、時代から取り残されていく人間になるのではなく、「新たな価値」（ナレッジ）を生み出せる人材になることが重要です。知識が資産となる時代に求められるのは、〈これまでにない製品・サービスの概念（コンセプト）やシステム、形態（プロトタイプ）などを創造するための知〉であり、そうした知識を創造するプロセスのなかで、

①〈観察（観察からアイディアを得る）〉
②〈概念化（現象の本質を洞察する）〉

③〈モデル化（因果関係を発見し論理を組み立てる）〉

といった具体的な力が得られることになります。

知のプロフェッショナルになる

知識創造が価値の源泉になるというシフトは、グローバル資本主義では二〇年以上前に起こっており、「有形資産（ハード）が価値の源泉」の時代から「無形資産（知識）が価値の源泉」の時代に変わったということが、野中郁次郎さんらの『知識経営のすすめ：ナレッジマネジメントとその時代』（一九九九）でも記されています。

それは「製品が利益を生み出す」から「知が利益を生み出す」へのシフトであり、同様に「ホワイトカラーが情報処理」から「ナレッジワーカーが知識創造」へ、「定型的業務プロセス」から「非定形的業務プロセス」へ、「階層化された組織による分業」から「多元的なチームによる協業」へと、企業にとっての価値軸が変化したことを意味します。

したがって、こうした変化をいち早く察知して適応できないと、野中さんらが言及する「知的老化現象」の症状として表れるような

- 〈つぶしの効かない社員の大量蓄積〉

- 〈まるでアイディアの出ない会議、言語貧困な会議〉

- 〈環境変化についていけない知識が「机・頭の中」で陳腐化している〉

- 〈顧客の抱える課題や問題に答えられない〉

といった状態に陥るビジネスパーソンが増えることになります。

そうした状況を打破するためにも、「ビジネスの新たな価値となる知識」＝「ナレッジ」を生み出せるようになることは、専門性が求められる時代を生きるビジネスパーソンにとって実に大切です。日本のビジネスパーソンが、自らを「知のプロフェッショナル」であるという意識をもつことは、専門性を身につけていくうえで欠かせません。

知識が企業にとって価値創造の源泉となった時代に、知のプロフェッショナルとしてのビジネスパーソンが、ネットワークで知を結集し、競争力をつくり出すようなナレッジの担い手であることを、しっかりと認識する必要があります。

これまでの日本社会では、事務処理や資料作成、集団的な調整や段取り等の業務を滞りなく遂行する能力が、ビジネスのプロとしての核になっていたかもしれませんが、これからは知識創造に関わる能力が、プロであることの証になります。

ビジネスパーソンが知のプロフェッショナルになれていないことを示す現象の一例として、生産性が低い会議の多さが挙げられます。人数が多すぎる会議や時間が長すぎる会議、なんとなく行われている定例会議や資料を読み上げているだけの会議、メールを打ったり他のことをしながら集中してない人が多い会議、意見を言わずに聞いているだけの人が多い会議など、非効率な会議が山のように存在してはいないでしょうか。

一日のスケジュールに会議がたくさん入っていれば、それだけで仕事をした気になってしまうかもしれませんが、今日の自分はいったい何を生み出したのかを考えられないようでは、ビジネスのプロとは呼べません。五人で一時間の会議をすれば、五時間分の給料が投資されていることになりますので、それに見合った成果がなければ無駄な会議といえます。三〇人が集まって情報共有や伝達だけを行う会議などは、三〇時間分の人件費がドブに捨てられているようなものです。多くの人が一斉に集められて、肝心のスピーカーが五分遅刻したりすれば、会社としてはとてつもない損失になります。会議は開くたびにコストがかかっていますので、一人ひとりが知のプロフェッショナルとして、これまでにないナレッジを生み出せているかということに対する責任感をもつことが非常に重要です。

電通でも、ビジネスのプロとしての意識向上を目指して、私は「Discover New SmartWork」という全社的なプロジェクトを立ち上げました。会議改革をはじめとして、自分ひとりでは実現できないような、チームとして組織全体として「創造性豊かな仕事を生み出すためのワークスタイル」を追求する取り組みが続いています。

「型」を使いこなす欧米人と「型無し」の日本人

型の価値を理解しているか

専門性を身につける「型」を学ぶことで、知のプロフェッショナルとして、「ビジネスの新たな価値となる知識」＝「ナレッジ」を生み出せるようになります。ビジネスパーソンが創造する知識こそ企業にとって価値の源泉となり、ビジネスの成長につながっていくことが、ゴールイメージとして明確になりました。

しかし、日本においてはまだまだそういったことが十分に理解されておらず、ビジネスのプロとして専門性を磨くために欠かせない学びの習慣も定着していないという悲しい現実があります。プロ意識の低いビジネスパーソンたちが、型無しのまま日々の練習をせずに、実践の場に出ていってＯＪＴの名のもとに、ビジネスの戦場でＧＡＦＡＭをはじめとするビッグテックと戦っているような状況です。

日本の「失われた三〇年」と呼ばれる低迷が始まる直前の一九八九年に、NTTや銀行、自動車と電機メーカーなどがグローバル市場を席巻し、世界時価総額ランキングでトップ五〇のうち三二社を日本企業が占めていた時代から、二〇二三年の二月にはトップ五〇に入る日本企業はついに〇社となりました。日本企業はこの三〇年にわたってグローバルなビジネスで衰退しつづけており、かつ、少子高齢化と生産年齢人口の減少が加速する日本国内でのビジネスも、今後ジリ貧になっていくことが予想されるため、日本で働くすべてのビジネスパーソンが、知のプロフェッショナルとして、自分の専門性に磨きをかけるプロ意識をもつ必要があります。

第1章、第2章でみてきたように、野中郁次郎さんらが二〇〇三年に「日本を覆う知的貧困」（→105ページ）を指摘してから二〇年が経っても、リスキリングの文脈で小林祐児さんが「大人の学びの貧困社会」（→65ページ）を嘆いている二〇二三年の現状を鑑《かんが》みると、日本がこの数十年の間に他のどの先進国よりも国際競争力を低下させた理由がよくわかります。「知識経済のなかで新たな価値を創造すること」をミッションとするビジネスパーソンがしっかりと学ぼうとしない国は、グローバルな競争で勝てるわけがありません。

こうした知識創造に対する意識レベルの違いが顕著に表れるのが、高い専門性を身につける「型」を使いこなす人材が活躍する欧米諸国と、専門性を身につける型を習得しないまま「型無し」の状態ですぐ役に立ちそうな知識ばかりを追いかける日本という、「型の価値に対する理解度」の差です。

前述したように、ドイツでは、大手企業における経営者の四五％が博士号を取得しており、アメリカでは、大企業の役員・管理職の六二％が修士以上の学位を持っているのに対して、日本はわずか六％にとどまります。[10] また、アメリカ政府がスタートアップを支援するＳＢＩＲ制度（中小企業技術革新制度）で対象となる企業の代表者は、七四％が博士号取得者です。[11]

これは、修士号や博士号を取ればいいという話ではなく、専門性を身につける「型」を習得することが、加速するビジネスの環境変化のなかで、いかに強力な武器になるかというのを、「理解しているか理解していないかの差」だといえます。

型はビジネスで応用が利く

専門性を身につける「型」の価値に対する認識の差は、給料にも表れています。

10　日本経済新聞 2021/8/3 朝刊。
11　日本経済新聞 2022/5/2 朝刊。

三〇歳前後の平均年収において、日本は学部卒が四一八万、大学院卒が五二四万円でその差が「一・二五倍」なのに対して、アメリカにおける修士人材の平均年収は七六三万円で学部卒の「一・四倍」、博士人材になると九一五万円で「一・六八倍」まで差が広がります。[12]

また、東京大学教授の隠岐さや香さん（二〇一八）によれば、アメリカの博士号取得者で、学術機関に就職した人たちの年収の中央値は六万ドル程度、産業界に就職した人は八万ドル程度なのに対して、政府機関やＮＰＯに就職した人は八万ドル程度、産業界に就職した人は一〇万ドルと、産業界で高額所得を得ている博士人材が多いという統計があります。分野別では、人文系が六万九〇〇〇ドルと低めですが、それ以外の分野はほぼ八万ドル台以上の収入を得ており、特に経営学の博士号取得者は一二万五〇〇〇ドルと、数学やコンピュータサイエンス系と並んで、高額所得者が多いことが示されています。[13]

専門性を身につける「型」を活かしきれない日本は、博士号取得者が大学に職を求める傾向がありますが、スタンフォード大学の報告書によると、アメリカでは二〇一九年にＡＩ研究の博士号を取得した人の六六％が産業界に進んでおり、全体としても、博士号取得者の四割が企業で働き、イノベーションの原動力となっています。[14]

隠岐さんは、欧米では企業の採用において「どのような専門性があるか」を求める傾向が高く、「何に所属するか」よりも「どのような人材か」を示すシグナリングが重視されるため、学位の有効性が評価されていると指摘します。

日本において、高い付加価値を生み出せる人材が乏しく、世界に後れを取っているのは、「型無し」状態で専門性が求められる時代を戦っているからだと考えられます。付加価値をもたらすビジネスパーソンが増えていかなければ、全体として日本企業の生産性や賃金を押し上げる力は高まりません。

この点については、安宅和人さん（二〇二〇）も〈大学院以上の訓練を受けた人、PhDの少なさはデータ×AI関連だけでなくさまざまな専門分野での日本の競争力に直結した課題〉だと言及しています。そのうえで〈多くの主要企業の方々にこういう高度な訓練を受けたPhD人材（少なくとも修士以上の人材）がほしいのか、ということを聞いても「よくわからない」と返ってくるのが実情だ。なぜなら、そもそもそれらの企業のほとんどがAI-ready度で言えばレベル1のオールドエコノミー側であり時代の刷新ゲームにまだ過酷に

12　日本経済新聞 2019/12/8 朝刊。
13　隠岐さや香『文系と理系はなぜ分かれたのか』（二〇一八）星海社。
14　日本経済新聞 2021/10/18 朝刊。

さらされていないことが一つ。また、そもそも経営層の大半が上級学位（学士よりも上位の学位）を持っていないためにその必要性を切実に理解していないことがもう一つの大きな理由だ。鈴木寛・東京大学／慶應義塾大学教授（元文部科学副大臣・大臣補佐官）によると米国の人事部長は七五％が上級学位を持っているが、日本では上場企業の経営者ですら上級学位を持つ人は五％もいない〉と危惧します。

博士号が重用されるのは、技術系の仕事に限りません。安宅さんは、ＯＥＣＤの事務方スタッフ（官僚）の例を挙げて、〈現在ＯＥＣＤに入ってくるのは半分かそれ以上がPhDであり、修士を持たない人はいない〉といいます。

日本においては、二〇二三年に入って初めて国家公務員の博士号取得者数について調査が行われ、防衛省の六二一人を最多として、厚生労働省五九六人、国土交通省三六八人など、合計で二二七四人の博士人材がおり、うち四割が研究職、三割弱が行政職、二割が教育職に従事していることを公表しました。[15]

政府は今後、博士号取得者の採用に力を入れるとして、二〇二三年四月からは博士課程を修了した職員の初任給を年間八万円ほど引き上げるとしていますが、ＯＥＣＤと比べると、まだまだ緒に就いたばかりです。

プロは練習して型を体得する

専門性の身につけ方を知らない日本人のキャリアに対する意識は、「転職したくなければ、働きつづけたくもない」という、残念な傾向にも表れます（小林、二〇二三）。

パーソル総合研究所の国際調査では、「現在の勤務先で継続して働きたい人の割合」と「転職意向のある人の割合」のどちらも一四カ国中、最低という結果が示されています。

小林さんは〈「学ばなさ」を考えるにあたって目を向けるべきは、強調されがちな日本人のキャリアの「受け身的な態度」ではなく、この「中途半端さ」そのものです〉と懸念します。

今の会社にこのままいても、給料がぐっとアップしたりもっとやりがいのある仕事に恵まれることが増えるわけでもなさそうだから、ずっと働きつづけたいとは思ってないけど、かといって、新しいチャレンジの場を求めて転職する勇気もスキルもないし、生活もあるからリスクをとってまで環境を変えたいとは思ってないしね、といった感じでしょうか。

こういった状態では、自律的に何かを学んで成長しようという意思が芽生えるはずもな

15　日本経済新聞 2023/1/28 朝刊。

く、「ビジネスのプロ」としてのプロ意識が低いと言わざるをえません。プロ野球選手であれば、戦力外通告を受けてしまいます。

ここまでみてきたように、日本で働くビジネスパーソンにも、グローバルな競争の大きな波が押し寄せてきていますので、このまま影響を受けずに五年、一〇年いられる可能性は低いのです。世界中の海がひとつにつながっているように、ビジネスも市場という形で世界がひとつにつながっていますので、自分は仕事で外国人と会ったりしないからあまり関係ない、という話ではないということを心に留めておく必要があります。

大きな波が自分のそばまで迫ってからでは遅いので、ビジネスパーソンは知のプロフェッショナルであるというプロ意識をもって、自分の専門性に自主的に磨きをかけていくことで、あらゆる企業で価値の源泉となっている知識創造に貢献できる「ビジネスのプロ」を目指したいところです。

企業の人事制度もこれからますます、プロスポーツ選手の年俸制のように、格差や変動が大きくプロっぽい契約形態に変わっていく流れにありますので、企業に大きな価値をもたらす知識創造ができるビジネスパーソンは、より大きな額の年収を手にするようになり、引く手あまたになっていくことでしょう。

逆に、プロ意識が低いまま知識創造に貢献しないビジネスパーソンは、どんどん試合に出られなくなって、ベンチを温める存在になってしまう恐れがあります。この点について、コンサルタントの大前研一さんは、『稼ぐ力をつける「リカレント教育」：誰にも頼れない時代に就職してから学び直すべき4つの力』（二〇一九）で、二一世紀は「答えが見えない時代」になり、社会全体の急速なデジタル化によって、産業構造そのものに破壊的な変革が加速して起こる「デジタル・ディスラプションの時代」に突入しているが、日本のビジネスパーソンは、余人をもって代えがたい知識やスキルが身についていないジェネラリストばかりで、「専門性なきホワイトカラーがあふれる」というぬるま湯状態になっていると主張しています。

二一世紀型のライフモデルにシフトするためには、「生涯現役」を前提とする必要があり、五〇歳を過ぎるとゴール間近のような感覚に陥り向上心を失ってしまうことで、「給料が高い割に生産性が低い」と会社のお荷物になるのを避けなければなりません。

チャレンジ精神をなくして組織のなかで停滞してしまうことなく、定年退職後も自分の専門性を活かして活躍できるような人材になるために、生涯使える「専門性の身につけ方」は強力な武器になるのです。

コラム

好きでやっている人には勝てない

お金よりも自分のやりたいことを第一に、大成功を収めたプロフェッショナルとしての最高のお手本は、プロ野球の大谷翔平選手でしょう。大谷選手は二〇一七年、二三歳のときに大リーグのエンゼルスに移籍しましたが、年俸は五四万ドル（当時のレートで約六一〇〇万円）でマイナー契約を結んでいます。契約金の二三一万五〇〇〇ドル（約二億六〇〇〇万円）と合わせても、三億二〇〇〇万円の「超お値打ち」価格でした。[1]

これは新たにできたばかりの大リーグにおける労使協定により、二五歳未満で新人ドラフト対象外となる海外選手の契約は、契約金が制限され、開幕からメジャーに定着したとしても、一年目の年俸は、最大で最低保障額の五一四万ドルになるというルールがあったためです。

したがって大谷選手の年俸は、この最低保障額の約六一〇〇万円でした。移籍前の日本ハムでの年俸は、推定で二億七〇〇〇万円でしたので、給料が四分の一程度まで下がったことになります。

ちなみに、イチロー選手の年俸は三年契約で一四〇〇万ドル（一五億八〇〇〇万円）、松坂大輔選手は六年契約で五二〇〇万ドル（六一億円）、ダルビッシュ有選手は六年契約で六〇〇〇万ドル（四六億円）、田中将大選手は七年契約で一億五五〇〇万ドル（一六一億円）でしたので、五四万ドル（約六一〇〇万円）というのは破格の安さです。大谷選手も、あと二年待てば田中将大選手以上の大型契約を結べる可能性が十分にあったにもかかわらず、お金ではなくすぐにチャレンジすることを選んだわけです。

アメリカのスポーツ専門局ＥＳＰＮは、年俸が制限されるなかで挑戦を決断したことに対して、「もう二年待っていれば（二五歳で）一億ドル（約一一二億円）を優に超える大型契約を手にしただろう」と報道しています。[2] 日本の報道でも、「プロ野球史上最速の一六五キロの速球を武器に持ち、打者でも二桁本塁打を記録できる能力は、本場で二億ドル（約二二六億円）の価値がある」とみられていました。[3] しかも、これまで大リーグに渡った日本の有力選手は、代理人が少しでも多くの好条件を引き出そうと駆け引きをし、期限ぎりぎりでの決定が多かったのに対して、大谷選手の契約は交渉期限を大きく残したまま、球団との面談を始めてから五日間でスピード決着しています。

交渉では金銭面は二の次で、投打の「二刀流」の受け入れ態勢など環境面が焦点だったということです。大谷選手は「メジャーでの目標を達成するために一番の球団と判断した」と声明を出しています。[4]

そしてメジャー六年目を迎えた二〇二三年、ＥＳＰＮは一月一七日に「大谷翔平がＭＬＢ初の五億ドル男になりそうな理由」という記事をリリースしました。[5] 二〇二三年シーズンが終了したタイミングでＦＡとなる大谷選手の獲得競争によって、史上最高額（約六七五億円）の契約になる可能性があるとしています。五億ドルの契約に達した選手は、アメリカでは大リーグだけでなく、すべてのプロスポーツでいまだかつていません。

かくして大谷選手のストーリーは完璧すぎではありますが、重要なポイントは、「お金を目的にやっている人は、好きでやっている人に勝てない」ということです。

外発的動機づけか内発的動機づけかという観点からみるとわかるように、年収アップを目的に努力して勉強したとしても、専門性が身につくようなところまで長続きしない可能性が高いのです。

特にビジネスパーソンは仕事がありますので、自分の時間を使って勉強を続けることができないと、なかなかものにはなりません。中途半端に好きなことは、中途半端に終わってしまうことになります。

1 朝日新聞 2017/12/12 朝刊。
2 朝日新聞 2017/11/29 夕刊。
3 日本経済新聞 2017/12/9 夕刊。
4 日本経済新聞 2017/12/10 朝刊。
5 https://www.espn.com/mlb/insider/insider/story/_/id/35439378/why-shohei-ohtani-poised-become-mlb-first-500m-man

第3章 専門性を身につける方法を知ろう

第1章と第2章でみてきたように、ビジネスパーソンが「専門性」を求められる時代のなかで、他の人には生み出せないどんな価値を提供できるかが、今後ますます問われるようになります。知識基盤社会においては、「新しい知識を創造する」ということが価値であり、グローバルな競争で決定的な差がつくポイントです。

また、AIをはじめとしたテクノロジーの急速な進化によって、「人工的な知能には生み出せない知識とは何か」を考えないと、AIに仕事を奪われる未来の現実味が増しつつあります。

デジタルトランスフォーメーションが企業経営における最重要課題となり、企業の栄枯盛衰がより激しくなったため、自分が今携わっているビジネス・業界・産業や、現在やっている仕事がいつまで存続するのかも、きわめて不透明になってきています。新たな専門性が次々と出てくるとともに、その移り変わりが加速し、求められる専門性のレベルも高くなるという、ビジネスパーソンにとっては、かなり厳しい世の中になっているのです。

そういった状況を反映するように、リスキリングや学び直しが注目を集めるようになり、ジョブ型雇用や人事評価制度の見直しなど、働いた時間に対してお金を払うという考え方から、その人が生み出した価値に対して値付けをする方向に変えていこうとする波が押し寄せています。

生半可な専門性では稼げなくなっていく流れのなかで、すぐに役立ちそうな知識や使えそうな知識を手当たり次第に覚えたり、年収アップを目的に勉強しても、周りから一目置かれるような専門性はなかなか身につきません。

そこで大切なのは、「専門性の身につけ方」を知ることです。

欧米に比べて日本人は、専門性を身につける「型」の重要性に対する認識が乏しく、「型無し」のまま戦っているような状態になってしまっています。知識こそが企業にとって価値創造の源泉になる世界で戦うビジネスパーソンは、長い時間をかけて「型化」されてきた方法をうまく使いこなすことで、新たな価値となる知識（ナレッジ）を生み出せるようになったほうがいいです。

専門性を身につける方法を理解していくために、まず「専門性とは何か」「専門知識とは何か」ということについて、しっかりと認識しておく必要があります。

専門性とは「新しい専門知識を生み出すこと」

専門性はインプットではなくアウトプット

専門性とは何かについて、ＣｈａｔＧＰＴに聞いてみると、124ページの図7のような答えが得られます。

『広辞苑〈第七版〉』(二〇一八)では、専門家は〈ある学問分野や事柄などを専門に研究・担当し、それに精通している人〉と定義されており、『現代社会学辞典』(二〇一二)では、専門知について〈ある専門分野の専門家のもつ知識。知識を増大するのにきわめて効率的な仕組みを備え、専門家によって比較的よく検証されて信頼性が高く、その分野の枠組みで定義された問題を解くのに非常に有効である〉と示されています。専門知識人(インテリジェント)については、〈プロフェッショナル、スペシャリスト、アナリスト、エキスパートなどともよばれる専門知識人は、専門知を用いて、国や産業や企業組織のために、技術

図7　ChatGPTに「専門性」について尋ねると…

専門性とは何ですか

専門性とは、ある特定の分野や領域において、高度な知識やスキル、能力を持っていることを指します。専門性は、学術的な分野、技術的な分野、専門的な業界など、さまざまな分野で発揮されることがあります。

専門性は、高い水準の専門知識、実践的なスキル、職業的な経験、教育、トレーニングなどによって獲得することができます。

専門家は、その分野に関する専門的な知識や経験を持ち、その知識を活用して問題を解決したり、価値を提供したりすることが期待されます。また、自分の専門分野に関する最新の研究や動向についても常に学習しており、最新の知識や技術を把握する必要があります。

専門性を持った人々は、その分野をより深く理解し、独自の用語、メソッド、理論、技能などを持ち、その分野で認められた権威として、他の人々から信頼や尊敬を得ることができます。
専門性を持つことは、職業的な成功や社会的な評価につながることがあります。

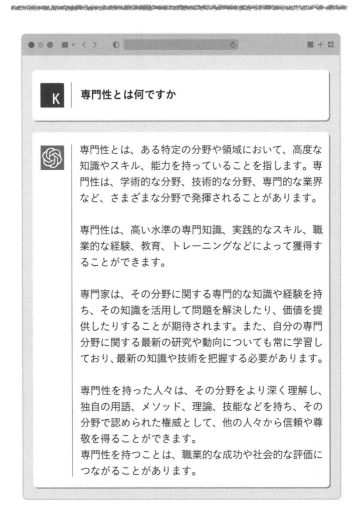

的・機能的な問題を解決することに貢献する〉とあります。

専門性に関するこうした言葉の意味も踏まえて、私がもっとも強調したいのは、「専門性とは、専門知識のインプットではなく、専門知識のアウトプットである」ということです。この点が、専門性ということを理解するうえで、一番重要なポイントだと考えています。この観点に立てば、専門知識をどんなにインプットしたとしても、それが専門知識のアウトプットにつながらなければ、「専門性」とは呼べないということです。

つまり、専門性とは「専門知識を知っているかどうか？」ではありません。専門知識を知っているかどうかということが専門性だと思っている人は、本物の専門性はなかなか身につかないといえます。ただ「知っている」ということだけでは、ChatGPTが猛威を振るうような時代においては、まったく価値を生まなくなります。

したがって、まずしっかりと認識しなければならないのは、「専門性とは、新しい知識を生み出すことである」というポイントです。すなわち、専門知識の「消費者」ではなく、専門知識の「生産者」になることを目指す必要があります。

そのためには、「どうすれば専門知識を効率的に得ることができるか？」といった消費の仕方ではなく、「専門知識はどうやって生み出すことができるか？」という生産の仕方を理解することが重要です。そして、その答えは「研究」にあります。

研究とは「新たな専門知識を生み出す技法」

専門性とは「新しい専門知識を生み出すこと」であり、新しい専門知識を生み出すにはどうしたらいいいか？　に対する答えが、研究というのはなぜかといいますと、「知識を進化させるのが研究だから」です。

この答えへたどりつくまでに、歴史的にふたつの大きな発見がありました。ひとつは「知識は進化していくものである」という発見で、もうひとつが「知識を進化させるための技法」の発見です。

この点について、大阪大学名誉教授の小林傳司さんは、『研究する大学：何のための知識か』（二〇一三）において、知識というものはかつて「動かないもの」であったといいます。正統的な知識は古典古代に存在しており、その継承と保存こそが重要という考え方です。

ですから、中世の大学は知識の伝承こそが使命であって、そこで念頭に置かれている知識は、研究によって生み出されるタイプの知識ではなく、古代のギリシャ・ローマの古典的知識と当時の専門職（神学、法学、医学）に求められる知識でした。つまり、中世においては知識というのは固まったもので、「専門知識のアウトプット」ではなく「専門知識のインプット」が求められていたということです。

専門性とは「専門知識を知っているかどうか」だと考えている人は、まさに中世の発想のまま止まってしまっている状態といえます。

そして小林さんは、〈知識は常に更新されていくものという理解自体が、近代の産物である〉と指摘しています。そこで知識を進化させるために生まれたのが、「研究」なのです。

一六世紀から一七世紀にかけてのフランスを舞台に、「知識の継承、保存こそが重要」という考え方と、「新たな知識の生産こそが重要」という考え方がぶつかりあって、科学革命が起こった[1]という歴史があります。

その後、「知識は進化する。だから研究が重要」というパラダイムシフト[2]が、科学の方法論として確立したのは一九世紀になってからです。

1　科学革命とは、一七世紀ヨーロッパで巻き起こった自然科学の急速な発展のこと。「地動説」のガリレオ、「ケプラーの法則」のケプラー、「我思う、故に我在り」のデカルト、「万有引力」のニュートンなど、名だたる科学者がその担い手となり、近代科学の基礎を形成した。(https://europa-japan.com/revolution/scientific-revolution/)

2　トーマス・クーン『科学革命の構造』(一九七一)みすず書房。

名古屋大学名誉教授の潮木守一さんは、『フンボルト理念の終焉？：現代大学の新次元』（二〇〇八）のなかで、「すでに知識は定まっており、疑う余地のない不動のものである」という伝統的な考え方に対して、「知識をまだ明らかにされていないもの」として扱い、大学を研究の場に変革したのが「フンボルト理念」だといいます。

フンボルト理念が提唱したのは、〈知識が進歩するとすれば、大学は何を教えなければならないのか。教えるべき知識が進歩する以上、すでにできあがった、既成の知識を教えるのでは、やがては通用しなくなる。そうであれば、大学が伝えるべきことは、いかにして新たな知識を発見するか、いかにして知識を進歩させるのか、そのための技法である。すでに確定した知識内容そのものでなく、その知識がいかにして作り出されたのか、いかにして発見されたのか、人類未知の知識を発見するためには、どういう方法を使ったらよいのか、その技法を教えなければならない〉ということです。すなわち、研究とは「新しい知識を生み出す技法」として誕生したといえます。

この技法こそが、まさに本書が伝えたい「専門性の身につけ方」なのです。

こうした歴史を振り返るとわかるように、専門性を身につける「型」というのは、一九世紀から存在し、多くの議論を積み重ねることで洗練されて、現代にまで受け継がれています。専門性が求められるビジネスパーソンにとって、これほど貴重なノウハウはなかなかかありません。

専門知識とは「構造的な知識」である

知識と情報の違い

専門性とは「専門知識のインプットではなく、専門知識のアウトプットである」というもっとも重要なポイントについての理解を深めるために、「専門知識とは何か」についても認識する必要があります。

歴史を紐解いてわかったように、専門知識とは「研究」によって生み出されるものです。そして、研究によって生み出された新たな専門知識が蓄積されていくと「学問」になっていきます。

たとえば、最初は「○○に関する研究」（たとえば、企業戦略に関する研究など）として一本の論文によって発見された新しい知見から始まり、それに続く論文が積み重なっていくことで「○○論」（経営戦略論など）といった専門領域が形成され、さらに関連する領域の研究が深まっていくことによって「○○学」（経営学など）という学問分野として確立していくようなイメージです。

「学問」の定義については、『角川類語新辞典』（一九八一）を引くと、〈知識を体系的に組み立てたもの〉という説明があります。つまり、研究によって創造された知識が積み重なって学問になっていくのですが、学問として認められるためには、「知識が体系的に組み立てられているか」ということが要件になっているということです。言い換えると、学問として認められているような専門知識は、ちゃんと体系的に組み立てられているということになります。

個々の知識がバラバラなままで体系的に組み立てられていないと、専門知識とは呼べないというのが、ここで認識すべき点です。

これらをまとめると、専門知識とは「体系化された知識」だといえます。

体系化された知識とは何かについて、ふたたびＣｈａｔＧＰＴに聞いてみると、131ページの図8のような回答が返ってきました。

つまり、個々の知識を知っていたとしても、それが頭のなかでバラバラな状態になっていて、「知識と知識の関連性」や「全体としてどういう構造になっているのか」といったことがわからないのは、専門知識をもっているとはいえず、自分の頭のなかで個々の知識

図8　ChatGPTに「体系化された知識」について尋ねると…

K

体系化された知識とは何ですか

体系化された知識とは、ある分野の知識を整理・分類することで、構造的に組み立てられた状態のことを指します。つまり、知識がばらばらに散在しているのではなく、分野ごとに必要な概念、原理、原則などが系統的に構成され、それぞれが相互に関連づけられた論理的な体系ということができます。

例えば、科学分野では、ある現象に関する知見が仮説や理論、法則、モデルとしてまとめられ、一貫性のある知識体系が形成されています。

体系化された知識は、専門分野において正確な情報や理解を得るうえで不可欠であり、その分野の発展や新しい知見の獲得にも役立ちます。

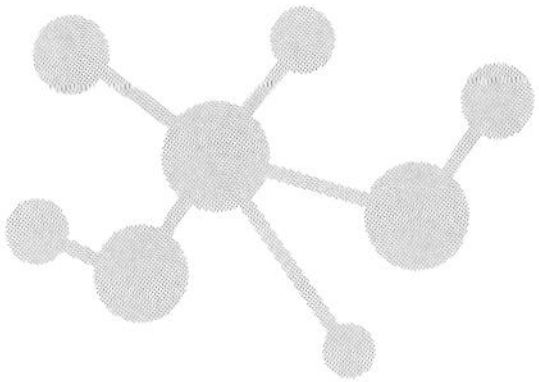

が組み上がって整理された状態になっていることが、専門性を身につけるためには重要です。

この点について、東京大学名誉教授の吉見俊哉さんは、『知的創造の条件：AI的思考を超えるヒント』（二〇二〇）のなかで、「知識」と「情報」の決定的な違いを認識する必要があると主張します。

「情報」とは要素であり、「知識」とはそれらの要素が集まって形づくられる体系だということです。ある情報が、既存の情報や知識と結びついて、ある状況を解釈するための体系的な仕組みとなったとき、はじめて知識の一部となります。

具体的な例として、コペルニクスの地動説を挙げて〈一五世紀半ば以降の印刷革命によって、コペルニクスは身の回りに多数の印刷された天文学上のデータを集めておくことができるようになっていました。つまり、彼は活版印刷以前の時代とは比べものにならないほどの情報にアクセスできたのです。しかしそのこと自体は、まだ知識ではありません。コペルニクス自身が彼のいくつかの仮説に基づいてこれらの情報を選別し、比較し、数式と結びつけて検証していくことで、やがて地動説に至る考えにまとめ上げていったとき、単なる要素としての情報は体系としての知識に転化したのです〉と説明します。

そして、〈知識というのはバラバラな情報やデータの集まりではなく、中世からの「知恵の樹」のメタファーが示すように、様々な概念や事象の記述が相互に結びつき、全体として体系をなす状態を指します。いくら葉や実や枝を大量に集めても、それらは情報の山にすぎず、知識ではありません。情報だけでは、そこから新しい樹木が育ってくることはできないのです〉と、知識と情報の違いを見極めることの大切さを訴えています。

知識を構造化する

自分がもっている専門知識が、ちゃんと体系化されているかどうかを確かめるためには、自分でその構造を組み替えることができるかどうかで、判断することができます。

たとえば、有斐閣から出版されているマーケティング戦略の本を見比べてみると、

『マーケティング戦略〈第6版〉』（二〇二二）

①市場の選択（事業機会の選択、事業領域の選択、標的市場の選択）
②市場の分析（市場データ分析、消費者行動分析、競争分析、流通分析）
③市場への対応（製品対応、価格対応、コミュニケーション対応、流通チャネル対応、競争対応）
④市場との対話（サービス・マーケティング、ソーシャル・マーケティング、関係性マーケティング、デジタル・マーケティング）

『入門・マーケティング戦略〈新版〉』（二〇二二）
①環境分析（競争環境、市場環境、流通環境）
②マーケティング戦略形成（市場機会の探索と評価、需要多様性への対応、価値提供と競争優位、新製品開発戦略、製品ライフサイクルとマーケティング戦略）
③マーケティング・ミックスの策定（製品政策、価格政策、プロモーション政策、流通チャネル政策）

といった形で、同じマーケティング戦略に関する専門知識をそれぞれ体系化しているのですが、その構造の組み立て方は異なっていることがわかります。それぞれの著者に「これとは違った形で体系化してもらえませんか？」とお願いすれば、おそらくまた違った構造をつくることができるはずです。

そういった構造の組み換えができるのは、マーケティング戦略に関する知識と知識の関連性をしっかりと理解できているからだといえます。

自分の頭のなかで知識が構造的に整理されていれば、ひとつひとつの知識がどう結びついているかを踏まえながら、知識を組み上げたり組み替えたりすることができるのです。

できあがっている全体像を見て、それを自分なりに組み替えることができないとすれば、知識の構造がちゃんと理解できておらず、頭のなかでバラバラな状態のまま放置されているということになります。

SNSからは「断片的な情報」しか手に入らない

ネット検索の浅はかさ

専門知識が「構造的な知識」であるのと対照的に、SNSは「断片的な情報」であふれています。

この点についても、吉見さん（二〇二〇）は〈インターネット検索の場合、社会的に蓄積されてきた知識の構造やその中での個々の要素の位置関係などを知らなくても、つまり樹木の幹と枝の関係など何もわからなくても、知りたい情報を瞬時に得ることができる〉として、〈インターネット検索システムの、さらにはAIの最大のリスクは、この情報と知識の質的な違いを曖昧にしてしまうことにある〉と述べます。

検索システムは知識を断片化し、情報として扱うことによって大量の迅速処理を可能にしているため、ネット検索では知識の構造を把握することができないのに対して、〈本の読者は一般的な検索システムよりもはるかに深くそこにある知識の構造を読み取ること〉ができるとします。断片的な情報ではなく、さまざまな要素が構造的に結びついた知識を手にするためには、本を読むことが大切であり、〈読書で最も重要なのは、そこに書かれている情報を手に入れることではありません。その本の中には様々な事実についての記述が含まれていると思いますが、重要なのはそれらの記述自体ではなく、著者がそれらの記述をどのように結びつけ、いかなる論理に基づいて全体の論述に展開しているのかを読みながら見つけ出していくことなのです。この要素を体系化していく方法に、それぞれの著者の理論的な個性が現れます〉と示唆しています。

こうした構造的な知識と断片的な情報の違いを理解できていないと、「本を読まなくても、ネットで調べたり、動画を見れば十分」と考えてしまうようになります。

専門知識というのは、その構造を把握していることが専門知識たる所以《ゆえん》ですので、構造が把握できない状態の情報をいくら入手したとしても、それだけでは専門知識とは呼べないということを肝に銘じる必要があります（↓137ページ図9）。その前提がわかっていれば、専門知識を得たいと思ったときには、本を読むのがもっとも有効で、効率的な手段だ

図9　「専門知識」とは構造化された知識のこと

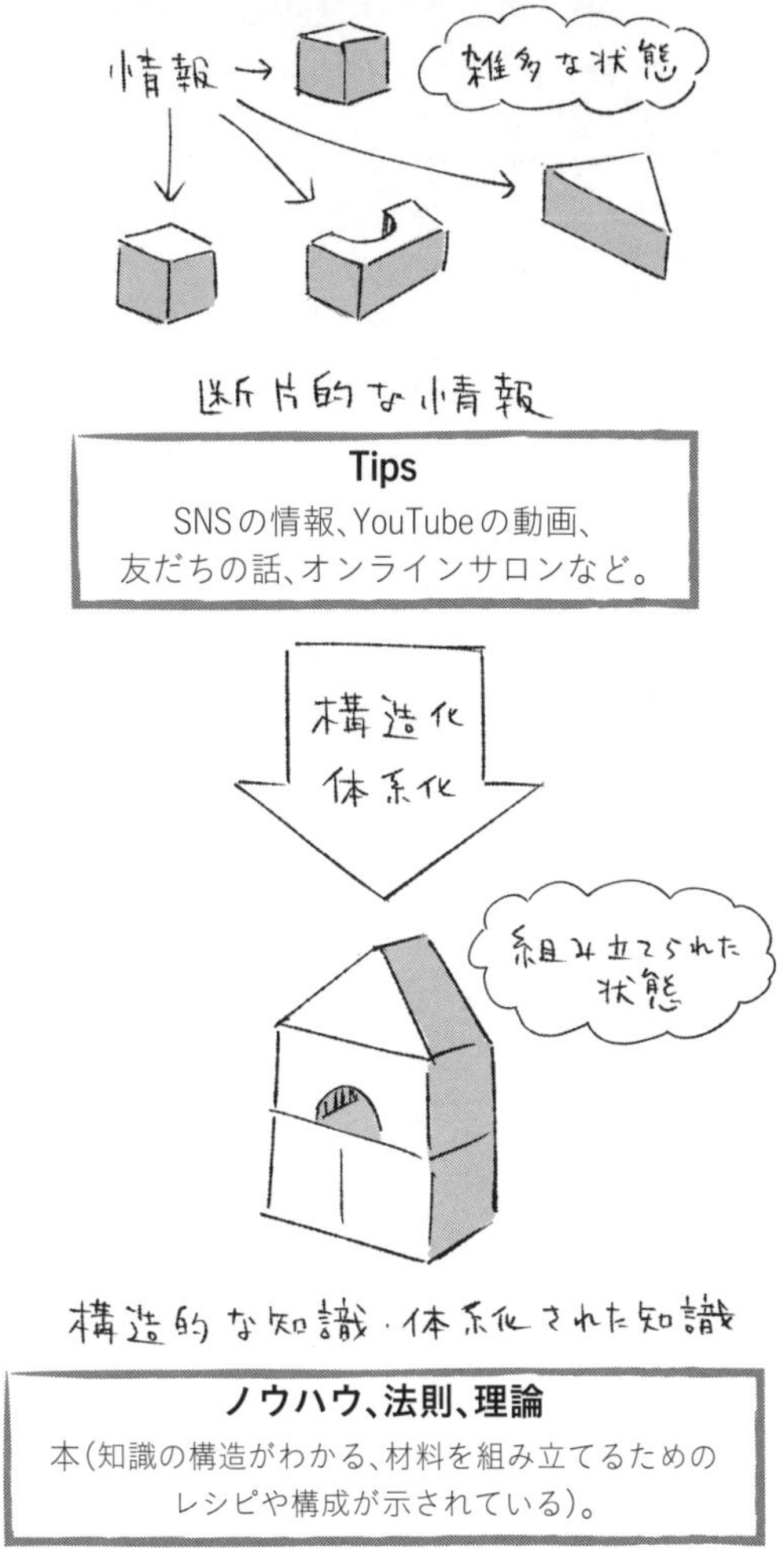

ということが認識できるはずです。

逆に、タイムライン形式で流れていくFacebook、Twitter、InstagramなどのSNSは、「フロー型」と呼ばれており、そもそも構造がありませんので、そこで得られるのは情報であって知識ではありません。

また、「ストック型」の情報発信であるYouTubeやnoteなどのブログも、内容がテーマごとに分類されていたとしても、その構造を読み取ることができなければ、やはり知識を得られるメディアにはなりづらいといえます。

知識を自分のものにするには

断片的な情報ではなく、構造的な知識を得ることの重要性については、京都大学学術出版会の編集長である鈴木哲也さんら（二〇一五）も、「知識を身につける」「知識を習得する」という言葉があるように、知識は身体性とも結びついたニュアンスをもちますが、情報は「情報を受け取る」「情報を渡す」といったように、必要に応じて参照すればいいようなニュアンスがあると指摘します。[3]

ひとつの体系として歴史のなかで組み上げられてきた「知識」を、単に個別に切り分けられた「情報」として見なしてしまうような風潮を危惧し、知識を情報に置き換えて扱うことがもたらす社会的状況は深刻な問題だとしています。情報として操作可能な形に切り分けることのメリットはありますが、俯瞰してこそ見えてくる連関を見失わないことが大切です。

そして、鈴木さんらも吉見さんと同様に、必要な情報をその都度参照することでは身につかない知識を習得すること、すなわち、「情報を活用する」のではなく「体系化された知を身体化する」ためには、本が大きな役割を果たすと強調しています。

知識と情報の違い、および情報メディアの活用について、吉見さんは〈知識はエレメント（要素）ではないということです。知識は単独で存在するものではなく、別の知識とどのように結びつき、全体としてどのような構造になっているのかというところにこそ、肝の部分があると思うのです。今の情報メディアは、そうした全体構造を習得しなくても必要な情報に行きつけてしまう。だから最後まで知の体系、システムを習得できないところに最大の問題があります〉と総括します。[4]

このように、知識というのは全体構造のなかに位置づけられて意味をもつものであり、

3　鈴木哲也、高瀬桃子『学術書を書く』（二〇一五）京都大学学術出版会。
4　吉見俊哉『大学という理念：絶望のその先へ』（二〇二〇）東京大学出版会。

ひとつの要素として知るだけではたいした意味をもちません。

重要なのは、自分の頭のなかで知識が「構造化」されていることです。すなわち、知識の全体像がイメージできて、その構成要素としてのひとつひとつの知識のつながりや関係性が整理されているような状態を意味します。そういった状態であれば、新しい知識が入ってきたときに、全体構造のなかで位置づけることができますし、必要に応じて、その構造を組み替えることもできます。

例えていうならば、頭にある知識のひとつひとつが、「レゴブロック」[5]のような形になっているということです。

レゴブロックは、一個一個のブロックが、他のブロックと連結して組み立てられるのを待っています。自分の頭のなかに全体的な構造のイメージがあれば、知識もレゴブロックのように、他の知識と連結させながら組み立てていくことで、大きな建築物をつくることができるパーツとしての意味をもつといえます。

すべての知識はつながっている

知識を構造化して捉えることの重要性については、日本芸術文化振興会理事長の長谷川眞理子さんが、〈貯めこんできたいろいろな知識や興味、人との会話で気づかされたことなどを、ただ袋にどんどこどんどこ入れていくだけではなく、構造化しないといけません〉〈そのためには、自分の構造を持っていないといけません。そこでは、知識を構造化する軸となる価値観とともに、既存の知識を単に総合するのではなく、その先、例えば自分は何を見たいと思うのか、自分は何を知らないと思うか、そこが埋まると何ができると思うか〉を想像する必要があると話しています。[6]

レゴブロックでいうと、自分のなかに何かつくりたいものの全体的なイメージがなければ、ひとつひとつの知識を組み立てて構造化していくのは難しいということです。

自分は、ヨーロッパにあるような立派なお城をつくりたいというイメージがあれば、それを組み立てるための軸となる設計図を描くこともできますし、足りていないパーツも明確になります。同じヨーロッパでも、フランスのお城なのか、イギリスのお城なのか、ドイツのお城なのかで、組み立て方も必要なパーツも変わってきますので、「自分は何を見たいと思うのか」がはっきりしていたほうが望ましいといえます。

「知識の構造化」という概念を二〇〇四年に提唱したのは、東京大学総長を務めた小宮山

5　https://www.lego.com/ja-jp

6　長谷川眞理子「日本の教養離れと知の構造化」（二〇二二）テンミニッツTV。

宏さんです。東京大学に「知の構造化センター」を設立して、知識の構造化に向けた活動を推進しました。小宮山さんは、知識の生まれる速度が飛躍的に増し、知識が爆発的に増大したことによって、知識の全体像が見えなくなり、知識間の関連もわからなくなっているという「知識の困難な現状」を捉えます。[7]

すべての知識間には何らかの関連があり、単独で存在する知識はないにもかかわらず、現状は、知識の断片が膨大なゴミ廃棄場状態に置かれているとして、こうした状態におぼれると、〈自らの競争力の源泉である専門性を失ってしまう〉と危惧しています。

これに対して、まったく知られなかった知識がある日突然登場することはないため、すでに存在している知識から新しい知識を生成する方法として、知識間に新たな関連性を見いだすことが考えられると提起しました。[8]

それがすなわち「知識の構造化」です。構造化された知識は、他の知識と関連づけられた知識であり、全体像を俯瞰しうるものであるといえます。知識というのは、何もないところからビッグバンのように、突如出現するものではありません。ここはすごく大事なポイントで、知識は「出現」するものではなく、「進化」するものだということを、常に意識する必要があります。つまり、新しい知識というのはすべて、これまでにあった知識の進化形であると、断言することができるのです。

よくあるパターンとして、「これは自分が考え出したまったく新しい考え方だ」と言っている人を目にしますが、おそらくそのほとんど、もしくは、そのすべてが、過去数千年のどこかで誰かが言っていたことだと思いますので、ちゃんと調べたほうがいいといえます。ちゃんと調べれば、自分の言っていることのほとんどすべてに、参考文献や引用文献がつくはずです。新しい部分があるとすれば、その組み合わせや組み立て方、あるいは、違った視点で調査や分析・実験をした、といった点になると考えられますので、いずれにしても、知識を「出現」させたのではなく「進化」させたということになります。

ですから、参考文献や引用文献のない新しい知識というのは存在しない、ということをしっかりと理解するのが非常に大切です。

知識は、何もないところから出現することはないということを踏まえますと、専門家と非専門家の違いというのは、知識と知識の「関連づけ能力」にあると、小宮山さんはみています。

7　小宮山宏『知識の構造化』（二〇二〇）オープンナレッジ。
8　ある時点の構造化知識と新たな構造化知識を比較すれば、その専門家の知識の変化を把握することもできる。この変化の原因としては、特定領域における知識の増加、知識間の新しい関連づけ、専門家本人の成長などが考えられる（小宮山、二〇二〇）。

専門家の判定基準として〈経験年数、学位、資格、職業、実績などの外的条件が考えられるかもしれない。しかし時代が変化するので、かつて専門家だった人がもう専門家として通用しないといったことも珍しくない〉状況です。

だとすれば、知識の関連づけ能力で区別するほうが、より明確になります。非専門家は、断片的情報はもっていても、専門家のような知識と知識の関連づけができません。非専門家が、SNSや人から聞いた話を断片的に覚えているだけなのに対して、専門家は、論理的な関連づけをして、知識を構造化しています。[9]

時に専門家の意見が分かれたりするのは、それぞれの専門家によって〈知識の関連づけ方〉が異なるからだと考えられます。議論を通じて、そういった関連づけ方の差異を紐解いていくことによって、知識を構造化する新たな関連性の発見につながっていくのです。

以上のように、「新しい知識を生み出す」というのは、断片的な情報を集めるのではなく、知識と知識の新たな関係性を発見して、知識の新しい構造をつくっていく行為として捉えることができます。

専門知識を創造する「研究」のエッセンスを知る

先生はいない

ここまで、専門性とは「専門知識を得ること」ではなく「新しい専門知識を生み出すこと」、すなわち「専門知識のインプットではなく、専門知識のアウトプットである」ということをみてきました。

専門知識というのは「構造的な知識」であり、SNSであふれているような「断片的な情報」をバラバラの状態で知っていても、専門知識にはなっていかないことがわかりました。「断片的な情報」をかき集めるだけでは「構造的な知識」にはなりません。

ではどうすれば、構造的な知識である専門知識をアウトプットできるようになるのでしょうか。

9　近田（二〇〇九）は、学識ある人間がさまざまな知識を結びつけることができるのは、頭のなかに知識が雑多な寄せ集め状態としてではなく、時間的・空間的に巨大な座標系に位置づけられて存在しているからだとする。

そのヒントが、長い歴史のなかで「新しい知識を生み出す技法」として洗練されてきた「研究」にあります。つまり研究というのは、専門性を身につけるための「型」であるということが、認識できたのではないかと思います。

研究者が高い専門性をもっているのは、「専門性の身につけ方」を心得ているからであり、それは研究を通して身につけたものです。したがって、ビジネスパーソンは研究者になる必要はありませんが、専門性がより求められる時代のなかで、「専門性を身につける方法」を知っておくことは、VUCAの時代（↓81ページ）を生き抜くための武器になります。

新たな知識というのは、今、世の中に存在していないものです。ですから、新しい専門知識を生み出そうとするとき、そこに「先生」は存在しません。

ここが、重要なポイントです。

誰かから専門知識を教わったとすれば、その教えてくれた人が専門家であって、聞いた知識を頭に入れただけのあなた自身は、専門家ではありません。専門性を身につけるということは、既知の知識のインプットではなく未知の知識のアウトプットですので、そこに先生と生徒という立場は存在するはずがなく、新しい専門知識を創造しようとする全員が「研究する人」ということになります。

つまり、今ある専門知識を「勉強する」ことではなく、今はない専門知識を「研究する」ことが、専門家になるための唯一の道です。

誰かが生み出してすでに世の中に存在している知識に目を向けるのではなく、まだ世の中に存在していない知識に対する興味・関心が、専門知識の「消費者」ではなく、専門知識の「生産者」になるための出発点になります。

ちなみに、大学というのは中世のヨーロッパにおいて、教師と学生の協同組合として誕生しています。[10] 先生が大学にいて、そこに生徒が集まったわけではないのです。大学の原点は、「共に学ぶ」ことを求めた有志たちの想いにあります。そういう意味では、日本においても、緒方洪庵の「適塾」や吉田松陰の「松下村塾」ならびに福沢諭吉の「慶應義塾」のような「教師と学生の共同体」が生まれています。

「知の共同体」として誕生した大学が、[11]「研究」という行為を通じて、世界に新たな知識をもたらす存在になったのは、新型コロナウイルスの世界における感染者数を公表するこ

10　当時、イスラム圏でアラビア語に翻訳されて伝承されていた古代ギリシャ・ローマの学問をヨーロッパに再輸入する動きが盛んになり、そうした最新モードの学問を学びたいという人たちが集まって勉強会のようなものができた（近田、二〇〇九）。

11　大学には、専門職エリートや官僚の養成、富国強兵と近代国家のための人材養成、産業界や地域社会への貢献などの目的が付加されるようになったが、学ぶことそのものに価値を見いだす人々の「知の共同体」でなくなったことは一度もない（近田、二〇〇九）。

とで日本でもおなじみになった、アメリカの名門大学である「ジョンズ・ホプキンス大学」がきっかけです。
一九世紀に提唱された「フンボルト理念」（→128ページ）によって、世界最高水準の研究成果を出していたドイツに対して、アメリカが「高い水準で新たな知識を生み出す秘密はどこにあるのか」と強い関心を抱いたことによって、アメリカからドイツに多くの留学生が渡りました。[12]
潮木さん（二〇〇八）によれば、当時、アメリカの学生は「復誦《ふくしょう》」（教科書の暗記）という退屈極まりない授業を受けていたのに対して、ドイツでは、ゼミなどで「研究」が行われているることを目にしたことで、〈研究は人類未知の知識に我々を導く。そのなかから、いまだ誰も知らない新しい知識を発見することができる〉と気づいたのです。教授と学生が肩を並べて人類未踏の新知識を発見する研究活動を体験したアメリカの留学生たちは、「研究のための場」をアメリカに築き上げようとしました。ある者は成功し、ある者は失敗しましたが、世界で初めての「研究大学」[13]として、現代の成功モデルとなったのが「ジョンズ・ホプキンス大学」です。ここに、〈単に教師だけが研究するのではない。学生も研究するのである〉というスタイルが確立されます。
世界に「研究する」ことの重要性を知らしめたジョンズ・ホプキンス大学が、〈教えることのできる知識はもはや研究を必要としない。まだ研究が必要な知識は教えることができない〉という考え方にもとづいて、知識を創造する世界の中心地になったことは、専門知識をインプットすることではなくアウトプットすることの重要性を物語っています。

研究マインドが切り札

この点について、東京大学名誉教授の吉見俊哉さんは、『大学という理念：絶望のその先へ』（二〇二〇）のなかで、「多様性と実践が生み出す新たな知」が大切であるとして、次のように語っています。

〈大学が単に入試で学生を選別する機関、あるいは専門知識を提供する機関、学位を授与する機関にとどまるなら、そんなことはネットでもやれるとなるでしょう。けれども、新しい「知」を生み出すには、様々な異質な人たちが一緒に集まりながら知識を動員して議

12　潮木守一『フンボルト理念の終焉?：現代大学の新次元』（二〇〇八）東信堂。

13　現代の成功モデルとなったアメリカの研究大学に、中国が多くの留学生を送り込んでいる。習近平国家主席の一人娘もハーバード大学を卒業した（朝日新聞 2014/9/27）。

論し、飲み食いし、現場を経験し、実践しなければならない。そういう場はネット上には作れません。大学とは根本的には、そういう異なる「知」の担い手が出会う場所なのです。二一世紀には、様々な社会的な実践の場面で、文系も理系も一緒になって問題発見、問題解決に取り組む必要が増しています。そうした課題解決型の知を超えて、新しい地球社会の哲学や文化学を構想していく必要もある。これが二一世紀の大学が向かう先です。教授、TA、社会人学生、二〇代の学生、この四種の多様な構成の人たちが一つの課題にいろいろな知識を動員して取り組んでいく。そういうチームワークの場に大学はなり得るし、なるべきだと思います〉

日本の大学がここまで理想的な場になることはなかなか難しいかもしれませんが、[14] 新しい知識を創造するというのは、決して大学の先生だけができることではなく、これからの時代においては、さまざまな人たちが「研究マインド」をもって、多様な知見を組み合わせたり掛け合わせたりすることで生まれてくるものなのです。

近年は、ビジネスパーソンの学び直しが話題になっていることもあり、社会人大学院で学ぼうとする人や実際に学んでいる人が増えています。社会人が大学院で学ぶのはとても良いことだと思いますが、私が大学院で講師をやっているなかで感じることは、社会人学生が、大学院は「勉強する」ところではなく、「研究する」ところであるということを理解していないケースが非常に多いことです。

つまり、大学院を「専門知識をインプットする」場だと思っていて、「専門知識をアウトプットする」ことがメインだという意識が低いように思います。特に修士課程の場合は、修士号を取るために三〇単位ほどの授業を履修することが必要なため、単位を取ることが大学院生活の中心になってしまっているパターンが結構あります。大学院は、研究することを目的とする場所ですので、授業に出て期末レポートを書いて卒業するための単位数を集めること自体には、何の意味もありません。大学院の授業は、真面目に取り組んでいれば単位を落とすということもほとんどないです。

ですから、大学院の授業を受けることで勉強しているつもりになっている社会人学生は、大学院で学ぶということがどういうことかを理解しないまま過ごしてしまうので、非常にもったいないと思います。

大学院で学ぶ時間は、すべて研究するためにあります。授業をはじめとして、ゼミナールや研究指導など、発表したり議論したり、図書館で本を読んだり調べものをしたりする

14　ハーバード大学ではこの理想に近い形が実現されていることを、第Ⅱ部のステップ3で紹介する。

ことは、すべていい論文を書くためです。いい論文を書くために何をすればいいか、どうやったらいい論文が書けるのかを体得することが、大学院のすべてです。

さらに注意しなければならない点が、日本では修士論文というのは書いて提出すれば、ほとんど落ちることがないという実情があります。指導教授にアドバイスをしてもらいながら、論文を完成させさえすれば、ほぼ全員が修士号を取得できるということです（東大では修士論文が落ちるということもままありますが）。つまり、修士論文を書いて修士号を取得したとしても、いい研究ができたかどうかはわかりません。

研究とは何かということを理解して、いい論文を書くために何をすべきかを体得したうえで、「新たな専門知識を生み出す」ことができるようになったのかどうか？　それこそが、大学院で本当に学ぶべきことなのです。

研究を通じて新しい専門知識をアウトプットできたかについては、博士課程に進学できるかがひとつの指標になります。[15] 修士号を取得できるレベルの修士論文と、博士課程に合格できるレベルの修士論文には、かなり差があることが多いので、博士課程で研究する資質があると見なされるということは、専門性を身につける「型」を習得できたと判断する材料になるかもしれません。

このように書くと、研究することがすごく難しいことのように感じますが、研究のやり方というのは、そんなに複雑なものではありません。
ただ、大学院に行ったとしても、「大学院というのは研究するところで、研究っていうのはこうやればいいいんだよ」と教えてくれる機会が、実はあまりないのが今の日本の状況です。

ですので、第Ⅱ部からは「新しい専門知識を生み出すためにはどうすればいいのか」「専門性を身につける『型』というのはいったいどういうものなのか」ということについて、専門性の身につけ方のステップを伝えていきます。

専門性を身につける方法に関しては、ビジネスパーソンは研究者ではないので、細かく理解する必要はまったくなく、そのエッセンスを知ることが重要になります。

15　サンキュータツオ（二〇一五）は、落語家でいうと、前座（学士）、二つ目（修士）、真打（博士）みたいなもので、修士課程は本職でやれるかどうかを見極める期間だと説明している。

Ⅱ

専門性を身につけるステップ

ステップ 1 自分らしい問いを立てる

「専門性を身につける方法」の最初のステップは、「自分らしい問いを立てる」ということです。すべては「自分らしい問いを立てる」ことから始まります。

ここでポイントになるのは、「自分らしい」という点にこだわることと、「問いを立てる」ことの重要性を理解することです。

問題は自ら創るべきで与えられるべきではない

「問いを立てる」というのは、自分で問題をつくることだといえます。

日本の教育を受けて、受験勉強をしてきた人たちは、この「問いを立てる」ということが、ものすごく苦手です。問題というのは誰かに出されるものであって、自ら問題をつくるという経験を積み重ねてこなかったために、「問いを立てる」といわれてもピンとこない人がほとんどだと思います。

本来は、大学というのがそれを学ぶ場所なのですが、大学はとにかく単位を取って卒業することが目的化してしまっており、何かを学びたいために大学に入って、それを追究するということをちゃんと経験しないまま過ごすと、自分で問題をつくることの意味を理解できません。

その流れで会社に入ると、今度は会社から与えられた仕事を着々とこなしていく日々になります。大学から与えられた「単位を取得する」というミッションが、会社から与えられた「仕事を遂行する」というミッションに変わったような感覚です。

ここに、決定的な間違いがあります。大学は「単位を取得する」場所ではなく「学びたいことを学ぶ」場所であり、会社は「仕事を遂行する」場所ではなく「世の中のためになる仕事をつくる」場所です。

なぜこういった根本的な勘違いが起こってしまうかというと、高校を卒業した後もずっと、誰かが与えてくれた問題に取り組むということを、何の疑問ももたずにただ黙々とやりつづけてきたからだと考えられます。本当は、高校を卒業してからは、問題は誰からも与えられないはずで、問題を自分からつくらない限りは、自分の問題としては存在しないものなのです。

ですから、「問いを立てる」という行為は、自分にとって大事な問題は何か？　ということを自分自身に問いかけて、自分は社会のなかで何をしたいのかを発見するうえで、絶対に欠かせないステップになります。自分で立てた問いに取り組むことで、学問に対してどんな貢献ができるのかを見いだすのが大学で、社会に対してどんな貢献ができるのかを見いだすのが仕事です。

自分で「問いを立てる」ことをしない人は、ずっと誰かに与えられた問題に取り組んで、単位や給料をもらう人生を歩むことになり、そのこと自体にも疑問を感じなくなる可能性が高いといえます。そして終わってみれば、「自分は何をやりたくて、何をやり遂げたんだっけ？」ということになりかねません。

そうやって雲のように流される生き方もいいですが、第1章でみたように、プロのビジネスパーソンとして仕事をして生きていくのであれば、与えられた問題に取り組むだけの人は、将来的に無用者階級に取り込まれてしまう恐れがありますので、自分で「問いを立てる」ことの重要性をしっかりと理解することが必要になります。

大人たちが経験してこなかった探究学習とは

問いを立てることの重要性を理解しないまま社会に出ていく人々を生み出しつづけてい

る日本の教育に、いよいよ危機感を感じはじめた政府は、研究することが目的である大学だけでなく、二〇二二年から小中学校や高校においても「探究学習」をスタートさせました。

探究学習とは、〈自ら問いを立てて、その解決に向けて情報を収集・整理・分析したり、周囲の人と意見交換・協働したりしながら進めていく〉活動のことで、〈互いのよさを生かしながら、新たな価値を創造し、よりよい社会を実現しようとする態度を養う〉ことを目的とします。[1]

これらはまさに、仕事に求められることそのものだといえます。

文部科学省によれば、未来社会を切り拓くために求められる資質・能力を確実に育成し、〈生涯にわたって探究を深める未来の創り手〉を送り出していくことを目指して、探究学習を導入したと記されています。[2]

その背景として、〈グローバル化の進展や絶え間ない技術革新等により、社会構造や雇用環境は大きく、また急速に変化しており、予測が困難な時代となっている〉なかで、〈様々な変化に積極的に向き合い、他者と協働して課題を解決していくことや、様々な情報を見極め、知識の概念的な理解を実現し、情報を再構成するなどして新たな価値につなげていくこと〉が求められているとします。

　このことは、小中学生や高校生だけに求められるものではなく、未来の社会を担っていくという意味では、ビジネスパーソンもまったく同様です。

　異なる点があるとすれば、ビジネスパーソンは、よりハイレベルでスピーディーに実行しなければ、仕事として評価されないということかもしれません。このように、「自ら問いを見いだし探究する力」は、現代社会に適応するための基盤となる能力だということがわかります。

　そして、探究学習は「主体的」「対話的」に行われることが重要であり、〈どのような視点で物事を捉え、どのような考え方で思考していくのか〉という「物事の見方・考え方」が鍵になると強調されています。そうした経験を経て、〈探究が高度化し、自律的に行われること〉で、専門性に結びついていくのです。

　探究学習によって、小中学生や高校生が自分で問いを立て、その問いに自分で答えるという体験をできるのは、とても貴重なことだと思います。そういった経験が、正解のない未来の社会を切り拓いていく基盤になり、会社から仕事を与えられるのを待つのではなく、自分から動いて周りを巻き込みながら仕事を創っていく人間になれるということで

1　https://kanko-gakuseifuku.co.jp/media/teacher/tankyu
2　https://www.mext.go.jp/content/1407196_21_1_2.pdf

す。

ここで心配されるのは、こうした探究学習を体験せずに、大学や会社から与えられた課題に取り組むことだけをやってきた大人たちのほうということになります。今の大人が経験してこなかった探究学習というのは、いったいどういったプロセスで行われるものなのでしょうか。

探究学習のプロセス

文部科学省が示す探究学習の具体的なプロセスとしては、

①日常生活や社会に目を向けたときに湧き上がってくる疑問や関心に基づいて自ら課題を見つけ、
②そこにある具体的な問題について情報を収集し、
③その情報を整理・分析したり考えを出しあったりしながら問題の解決に取り組み、
④明らかになった考えや意見などをまとめ・表現し、
⑤そこからまた新たな課題を見つける、

といった活動を発展的に繰り返していくことになります。

解決の道筋がすぐには明らかにならない課題や、唯一の正解が存在しない課題と向き合うことで、新しい未知の課題に対応することが求められる時代において、「広範で複雑な事象を多様な角度から俯瞰して捉える力」をはじめとした、欠かすことのできない資質・能力が、以下のような過程のなかで身についていくと説明されています。

①様々な事柄を知り、様々な人の考えに出会う。その中で、具体的・個別的な事実だけでなく、それらが複雑に絡み合っている状況についても理解するようになる。

②その知識は、教科書や資料集に整然と整理されているものを取り込んで獲得するのではなく、探究の過程を通して、自分自身で取捨・選択し、整理し、既にもっている知識や体験と結び付けながら、構造化し、身に付けていくものである。

③課題の発見と解決に必要な知識及び技能を身に付け、課題に関わる概念を形成し、探究の意義や価値を理解するようになる。

以上のような探究学習のプロセスを、これまで経験してこなかったビジネスパーソンは、自ら問いを立てて探究することの意義と重要性をまずは理解することで、専門性を身につけるためのファーストステップとなる「問いを立てる」という未開の領域に足を踏み入れる必要があります。

「問いを立てる」というのは、探究学習でもない限りは誰からも強制されることはありませんし、自分で問題をつくろうとしなくても、誰かが与えてくれた問題に取り組むことで仕事は進んでいきます。

しかしながら、専門性を身につけようとするときには、自分で「問いを立てる」という行為が必ず出発点になりますので、メディアが取り上げるような議題（アジェンダ）をあたかも自分が感じた問題として受け売りするのではなく、自分自身の問題意識を発見することが非常に重要です。

自分ならではの視点を「疑問文」の形で表現する

問いの形をイメージする

ファーストステップにおけるゴールは、「自分ならではの視点を、疑問文の形で表現する」ということになります。

これができれば、ファーストステップは完了です。

問いの具体的なイメージを、本のタイトルで例に挙げると、二〇一九年の新書大賞で第二位に選ばれた『文系と理系はなぜ分かれたのか』(隠岐さや香)は、お手本のような問いだと思います。言われてみればちょっと気になるけど、簡単には答えられないというのがポイントです。他にも、166ページの表2にあるようなタイトルが、出発点となる問いの形をイメージする例になります。

自分らしい問いを立てるために意識したほうがいいことは、「どんなことでも研究テーマになる」ということです。

専門性を身につける「型」を自分のものにするためには、自分の興味・関心がある領域において、自分が面白いと思うポイントを見つけられることが起点になります。自分は何を面白いと思うのか？　を探るときには、社会を生きていくなかで自然とできあがった固

表2　自分ならではの視点を「疑問文」の形で表現する

『超一流になるのは才能か努力か？』(アンダース・エリクソンほか)
『チームが機能するとはどういうことか』(エイミー・C・エドモンドソン)
『人はなぜ集団になると怠けるのか』(釘原直樹)
『組織はなぜ変われないのか』(ジョン・P・コッターほか)
『給料はあなたの価値なのか』(ジェイク・ローゼンフェルド)
『なぜパフォーマンス評価は失敗するのか』(ジェリー・Z・ミュラー)
『私たちはなぜ順位が気になるのか？』(ペーテル・エールディ)
『なぜデマは真実よりも速く、広く、力強く伝わるのか？』(シナン・アラル)
『Facebookはいかにして「人をつなぐ」メディアから「分断する」メディアになったか』(シヴァ・ヴァイディアナサン)
『イノベーションはなぜ途絶えたのか』(山口栄一)
『未来のイノベーターはどう育つのか』(トニー・ワグナー)
『現代社会はどこに向かうか』(見田宗介)
『宇宙は何でできているのか』(村山斉)
『なぜ世界は存在しないのか』(マルクス・ガブリエル)
『ウンコはどこから来て、どこへ行くのか』(湯澤規子)
『なぜ美人ばかりが得をするのか』(ナンシー・エトコフ)
『「カッコいい」とは何か』(平野啓一郎)
『戦略的思考とは何か』(岡崎久彦)
『ジョブ型雇用社会とは何か』(濱口桂一郎)
『「世間」とは何か』(阿部謹也)
『民主主義とは何か』(宇野重規)
『大学とは何か』(吉見俊哉)
『「死」とは何か』(シェリー・ケーガン)

以上は、書籍のタイトルを参考として挙げている。
初心者は、もっと小さな問いにしたほうが取り組みやすい。

定観念にとらわれないように、自分自身の知的好奇心と向き合ってみることが必要です。[3] 自分らしい問いは、何にも縛られずに自由な発想でイメージしたほうが、より自分らしさが表れます。『宇宙は何でできているのか』という問いから、『ウンコはどこから来て、どこへ行くのか』という問いまで、あらゆることが問いになりえます。

自分らしい問いを探し当てられるのは、自分の興味・関心であり、知的好奇心であり、問題意識です。何の興味・関心も知的好奇心も問題意識ももたないまま、専門性を身につけることはできません。自分らしい問いがあれば、自分らしさを活かした専門性が身につきます。

『宇宙は何でできているのか』の著者であるカリフォルニア大学バークレー校教授の村山斉さんは、物理学の専門家で『ニュートン式超図解　最強に面白い!!　素粒子』（二〇二二）という本も書いており、『ウンコはどこから来て、どこへ行くのか』の著者である法政大学教授の湯澤規子さんは、人文地理学の専門家で『「おふくろの味」幻想：誰が郷愁の味

3　沖縄科学技術大学院大学（OIST）の学長を務めたピーター・グルースさんは、研究においては「Be Creative（独創的であれ）」「Be Curious（好奇心旺盛であれ）」「Be Courageous（勇気をもて）」「Be Critical（批判的であれ）」「Complete（完成させろ）」という五つのCが大切だとする。(https://forbesjapan.com/articles/detail/41239)

をつくったのか』（二〇二三）という本も書いています。

自分ならではの興味・関心、知的好奇心、問題意識を掘り下げると、自分にしか生み出せないような「新たな知識のアウトプット」＝「専門性」につながっていくことがわかります。

Be Creative

法政大学教授の越智啓太さんは、『すばらしきアカデミックワールド：オモシロ論文ではじめる心理学研究』（二〇二二）のなかで、独自の視点で展開される研究テーマを169ページの表3にあるように、たくさん紹介しています。

これらは心理学に関する問いということになりますが、どれもユニークな視点です。

越智さんは、〈最初は「そんなばかな」と思うけれども論文を読んでみると「なるほど」と感心させられる〉と賛辞を送っていますが、神戸大学名誉教授の吉原英樹さんの著書『「バカな」と「なるほど」：経営成功の決め手！』（二〇一四）のタイトルにもあるように、「バカな」と「なるほど」は、いい研究の特徴でもあり、いい戦略のキーファクターでもあるのです。

この点について、一橋大学教授の楠木建さんが、本の序文で〈ある人が何かを始めた。

表3　**ユニークな研究テーマ（心理学の例）**

問い

「飼い犬と飼い主は似ているか」
「暑い日はスポーツで反則が増えるか」
「気温が高いとクラクションを鳴らす回数が増えるか」
「失業率が高まるとヒットチャートに怒りの歌詞が増えるか」
「祈りは心臓手術の成功率を高めるか」
「アスリートは長生きするか」
「目の写真を貼ると不正行為は減るか」
「自撮りをするときどっち側の顔を見せる人が多いか」
「外見的魅力が高い人は鏡をよく見るか」
「キスするときどっちに頭を傾けるか」
「いい男・美女が今夜一緒に寝ませんかというとどのくらいの人がOKするか」

答え

「一人よりみんなと一緒のほうが魅力的に見える」
「最初のデートでは赤を着やすい」
「赤いユニフォームの選手は勝ちやすい」
「スマホの会話を聞くのは普通の会話を聞くより迷惑」
「偽薬を偽薬だと言って投与しても効く」
「高級車ほど歩行者に道を譲らない」
「駐車場に次の車が並んでいるとわざとゆっくり発車する」
「ファーストクラスの存在は攻撃行動を促進する」
「ホラー映画マニアはパンデミックに対する耐性が強い」
「スミスという名前の人はテイラーよりも屈強」
「なんか脳的なことを言うと文章の信頼度が増す」

＊越智啓太『すばらしきアカデミックワールド：オモシロ論文ではじめる心理学研究』（2021）より。

その時点では「バカ」なことに見える〉〈初期の時点では競合他社は「バカ」なことをしようとは思わない〉だからこそ〈違いがつくれる。しかも、先見の明があるその人が本格的にパフォーマンスを叩き出すようになるまで、誰も真似をしない〉ため〈多くの人が「先見の明」に気づくときには、その人はすでに先行者優位を構築してしまっている〉と解説をしており、「バカな」と「なるほど」は、持続的な競争優位の根幹部分を支える論理として最強だと述べています。

この論理は、企業が競争優位性を築くために重要な考え方であるのと同様に、ビジネスパーソンが自分の専門性を差別化するためにも大切な考え方です。専門性も競争優位性がないと価値を認められないものですので、持続的に競争優位となる専門性をつくるためには、「バカな→なるほど」と思わせるような「自分ならではの視点」が欠かせない要素になります。

こうした自分ならではの視点を「疑問文」の形で表現することによって、自分にとって大事な関心事が見えてきます。あえて言葉にして、自分が何を知りたいと思うのかを客観視することで、自分らしい本当のこだわりがはっきりしてくる感じです。

他の人にとっては、そこまで固執するほどのことではないと思えるような問いであればあるほど、それは自分だけが答えを探せる問いであり、自分が取り組むべき問いだといえます。

そういった問いは、自分の人生とか自分自身にとって、何か重要な意味をもっているはずで、その答えが見つかれば、視界が開けたような感覚がもたらされます。専門性とは、それぐらい深いところで自分とつながっているものなのです。

「やらなければいけないこと」ではなく「好きなこと」に目を向ける

自分が面白いと思うことだけやる

問いを立てることの重要性を認識し、問いの形がイメージできたところで、自分らしさにこだわる大切さについて触れておきたいと思います。

専門性は、誰かからやらされて身につくものではありません。必要に迫られて身につけなければならないことを切羽詰まって学んでも、メッキは徐々にはがれていきますし、専門家が見れば本物かどうかはすぐ見分けがつきます。

たとえば、『〇時間でマスターできるマーケティング』といった本を何冊か読んだところで、マーケティングのプロフェッショナルたちがひしめく世界で、専門家として仕事で認められるようなことは絶対に起こらないため、そんな生半可な知識を披露すれば、「コイツはダメだな」とスルーされて終わってしまいます。大谷翔平選手に向かって、「おれはピッチャーもバッターもできる」と言っているようなものです。

第3章で整理したように、専門性とは「新しい知識を生み出すこと」であり、新しいことを開拓していくためには、自分が面白いと思うことを掘り下げていくのが一番の近道です。年収アップや立身出世などを本当の目的にして、その手段として専門性を身につけようと取り組んだとしても、そういった打算的な興味・関心のなかから「新しい知識を生み出す」ような視点が出てくるとは思えません。

ですから、何か違う目的のために、手段としてやらなければいけないことではなく、自分がやりたいと思えることに目を向けることが起点になります。「役に立つかどうか」「やる意味があるかどうか」といったことは考えずに、「自分は何を面白いと感じるか」「自分が本当に好きなことは何か」を探るのがとても大切です。

第2章で挙げたような、専門性がなかなか身につかないパターンにハマらないためにも、お金や成功といった欲望でドライブさせるのではなく、自分のなかにある知的好奇心と向き合って、面白いという気持ちを推進力にしたほうが、専門性を身につけることにつながっていきます。

　どんな領域でも、自分が面白いと感じるポイントはあるはずです。もし、自分が面白いと感じるポイントがまったくないようなことをやろうとしているのであれば、その領域で専門性を身につけるのは、まさに「苦行」になりますので、かなり困難な道のりになることが予想されます。中途半端に好きなことは、中途半端に終わってしまう可能性が高いです。そのことを好きじゃない人が、その領域で認められるような専門性を身につけた成功例というのは、ほとんど存在しないのではないでしょうか。自分が好きなことじゃないと、結局続かないものです。

　新たな知識というのは、知的好奇心から生まれてきます。そして、「何を面白いと感じるか」ということには、その人の個性やその人らしさが表れます。自分らしい興味・関心を探って、自分ならではの面白いポイントが見つかれば、専門性を身につけるための大きな一歩を踏み出せることになります。

自分に変化を起こす問いを

「自分らしい問い」が思考を促すという点については、MITリーダーシップセンター所長のハル・グレガーセンさんが、『問いこそが答えだ！：正しく問う力が仕事と人生の視界を開く』（二〇二〇）において、新しくて面白そうな考えの筋道をたどるように促してくれる、触媒的な役割を果たす問いに着目し、独創的で可能性に富んだ問いを立てるためには、「初心者の心」が欠かせないと主張しています。

生まれたときにはみんな創造性にあふれた好奇心をもっているが、いつしかそれを失ってしまうことに対して、触媒的な問いを放り込むと、思考をさえぎっている壁が壊されて、創造的なエネルギーが生産的な経路に流れ込み、思考が活発化するといいます。

世の中で当たり前だと思われていることに疑問をもち、本当にそうなのかを違う視点から問うことが、独創的な考えを生み出す一番確かな方法だとして、「パソコンの値段がパーツの値段の合計金額の五倍もするのはなぜか」という問いから、デルコンピュータのビジネスモデルが考え出されたという例を挙げています。

多くの人は、自分の固定観念に異議を唱えるような「変化を起こす知識」を受け入れるより、「安定を保つ知識」に頼ろうとする傾向があるといいます。自分の固定観念や知識の枠組みに疑問をもつのは、無駄に面倒を引き起こすと思われており、心理的な犠牲を伴うため、凝り固まった見方でしか物事を考えられなくなるのです。

問いは、そうした思考の枠組みを変えまいとする抵抗を崩す効果的な方法になります。

グレガーセンさんの主張における大事なポイントは、問いを立てることによって、固定観念にとらわれて多くの人が見逃していることに気づかされるという点です。興味のあることをひとつの角度から見るだけでなく、別の角度から見ることによって、創造的な思考が刺激されるようになります。

「問い」というのは、いわば「アンテナ」です。アンテナを立てておくことによって、自分の問題意識が研ぎ澄まされます。

特に、問いは「疑問形」になっていますので、それに引っかかりそうな知識をキャッチしやすい状態です。そのアンテナが、誰にでも立てられそうな凡庸なものだったら、そこに引っかかるのは教科書的で目新しさのない知識になってしまいますが、自分らしい独自のアンテナが立っていれば、そこに集まってくる知識を組み立てていくことでオリジナルブレンドになっていきます。平凡なアンテナしか立てられなければ、創造的な思考は生まれてきませんし、そもそもアンテナが立っていないと、どんどん知的好奇心が失われていきます。

また忘れてはいけない点は、アンテナは自分で立てるものだということです。仕事で必要な情報に対してアンテナを張りめぐらせているのは、会社が自分の頭に埋め込んだアンテナですので、そういった状態に甘んじることなく、自分で立てたアンテナから仕事がつくり出されていくのが、自分のアンテナを立てることになります。

ユニークなアンテナが立っていると、これまでの自分の考えを変化させるような知識が組み上がっていきますので、自分がこだわっていたり信じてきたような見方がひっくり返されるようなことも起こります。そういった変化こそが、自分の脳に刺激を与えて、思考を深めていくきっかけです。

アンテナをちゃんと立てないまま、自分に都合の良い情報ばかりをなんとなくキャッチしていると、だんだん考え方が凝り固まってきて、違和感のある物事の捉え方を許容できなくなってしまいます。自分の考えや思考に変化を与えるような知識に触れる機会を、自分でアンテナを立ててつくらないと、考え方や思考力がアップデートされないまま、時代から取り残されていくことになります。

繰り返し強調していますが、知識というのは進化していくものですので、安定ではなく変化が必要なのです。

実例：会社の先輩の話
＊その一

私の会社の先輩で、中堅の広告代理店で活躍をした後に電通に転職し、現在はメディア部門の部長を務めている方がいるのですが、その人は四〇半ばを過ぎた頃から、自分が情熱を注いできたメディアに関することだけでなく、会社という組織やそこで働く人そのものに対する興味が広がったといいます。

さまざまな人生を歩んできた人たちが、ひとつの会社に集い、その組織のなかで活躍する人もいれば、あまり活躍できずに終わる人もいるのは、いったい何が分かれ目になっているのだろう？　という疑問です。そのビジネスに対する情熱なのか、会社のミッションに対する忠誠度なのか、あるいは、その人自身の能力や人柄なのか、といった興味・関心は深まっていきます。

そして、会社で活躍する人たちをロールモデルとして、同じように活躍する人を育成することはできるのだろうか？　と感じたそうです。

こうした問題意識をもとに、「会社の未来を支えていく次世代の人材をいかに育てていくか？」という問いを立てました。

この問いを追究していくうちに、自分が関心のあることが、「人的資源管理」[4]という専門分野で議論されていることを知ります。

日本においては一九八〇年代から注目されはじめた分野であり、その発端はアメリカで「Human Resource Management」（ＨＲＭ）という概念が生まれたことだとわかりました。

4　https://www.jil.go.jp/institute/zassi/backnumber/2012/04/pdf/038-041.pdf

掘れば掘るほど、自分が知らなかったことが出てきて、想像もつかないほど多くの議論を積み重ねられてきたことに好奇心が駆り立てられ、慶應のビジネススクールの門をたたくことになったという話です。

この先輩が、どういうふうに問いを磨いていったかについては、各ステップの参考事例として、この後のステップでも紹介していきたいと思います。

自分の人生にとって意味のある問いを

自分らしい問いというのは、自分の人生にとって重要な意味をもつ問題であると考えられます。そんな問いを発見することによって、誰かに与えられた問題を解く人生ではなく、自分にとって大切でこだわりのある問題に取り組む生き方につながっていきます。専門性は、今の仕事や会社で必要に迫られて身につけられるような浅はかなものではなく、自分らしさやこだわりを仕事で活かしていこうとする思いに引っぱられて身につけることができるものです。

広告のクリエイターを見るとわかりやすいのですが、「クリエイティブの仕事に必要だから、独創的なアイディアを生み出せるような専門性を身につけろ」と強制されてやっている人はいません。必要に迫られてやるのではなく、自分らしさやこだわりを自ら突き詰めることによって、他の誰かではなく自分にしか生み出せないようなアイディアで世の中を動かす専門性が確立されていきます。

専門性の出発点となるのは、「仕事で必要だから」ではなく、「自分にしかできないことをやりたいから」です。

クリエイティブな職種の場合、それが顕著に表れるのでわかりやすいのですが、他の職種であっても、専門性とはどういうものか？　という原理原則は同じだといえます。

自分で立てた問いを主体的に探究することの意義について、立教大学教授の河野哲也さんは、『問う方法・考える方法：「探究型の学習」のために』（二〇二一）のなかで、探究とは「自分の人生の課題を解決する」ことだと述べています。人工知能にはできないことが重視されるＡＩ社会では、知識を覚えることの意味が失われていくとともに、「どのような新しい知的貢献ができるのか」を問われるようになり、「研究すること」と「生きていくこと」が分けられない社会になると指摘します。探究というのは〈小中高だけではなく、大学や大学院、さらに社会人になっても求められるもの〉であり、〈仕事（働くこと）と研究の結びつきは今よりも強くなっていく〉としています。

河野さんが定義する研究とは、知識を暗記したり、与えられた問題を解いたりするようなことではなく、研究室で実験することだけを研究と呼んでいるわけでもありません。

〈自分の人生の中で出会う実際の課題を、知的な探究の対象として深掘りして、さまざまな知識やスキルを総動員して何とか解決しようとすること〉です。

すなわち、〈私たちは、社会のさまざまな場面において、隠れていた問題を見つけ、それを調べて、解決するという過程が求められている時代に生きている〉と主張します。自ら問いを立てて探究することによって知識が構造化され、〈ひとつの事柄をさまざまな視点から検討〉したり、〈知識と社会の関わりについての全体像〉が見えるようになるといいます。

一方で、探究することに何の意味があるのかと感じてしまう人は、知識と社会の結びつきがちゃんと見えていないということになります。

以上のように、自分らしい問いを主体的に探究することを通じて、知識の全体性を意識できるようになり、先人たちが築いた知識を手がかりに、新たな知識を生み出す方向に進むことができます。

その一方で、自分の問いがない人が、専門性を身につけることはできません。決められた問題を解くことで専門家としての資格を得ることができる「弁護士」や「公認会計士」あるいは「医師」などの職業も、「資格を持っている＝その人ならではの専門性がある」ということにはなりません。「どうしてもこの弁護士さんに頼みたい」「絶対にこのお医者さんに手術を担当してほしい」といった専門性というのは、その先生方が他の人とは違う自分独自の問題意識を追究したことによってたどりついた境地だといえます。

既存の知識にはなかった新しい知識を創造することを通して、その人にしかわからない、その人にしか見えていない知識の構造や全体像ができあがり、「余人をもって代えがたい」専門性につながっているのです。

問いを「狭く小さく」絞り込むと、深く掘れる

アウトプットを意識したインプット

では、どのようにして「自分らしい問い」を見つけたらよいのでしょうか。

探究学習において、日常生活や社会に目を向けたときに湧き上がってくる疑問や関心に基づいて自ら課題を見つけるとされているように、世の中で起きているさまざまな現象のなかで、自分が気になることや不思議に思うことに着目するのがスタート地点になります。

ただなんとなく日々生きていると、ロシアのウクライナ侵攻のような歴史的に重大な出来事でさえ、どうしてそんなことが起こってしまうのか、その背景にはどんな事情や経緯があるのか、といった問題意識をもたずに過ごしてしまうことになります。

一〇年ぐらい後になって、次世代の若者たちから「ロシアとウクライナはなんで戦争したんですか？」「世界がそれを止めることができなかったのはなぜですか？」と疑問をぶつけられても、「仕事が忙しくてあんまり深く考えたことがなかった」と答えるしかないとなると、「じゃあ、どんなことに興味・関心をもって生きてきたんですか？」と聞かれることになるのではないかと思います。問題意識がないまま漠然とこの世界を生きて、自分ならではの視点や考えをもっていない大人にならないようにしなければなりません。

無気力と無関心は、問いの大敵です。自分の身の回りで起きていることだけでなく、世界や歴史に目を向ければ、自分の興味・関心を駆り立てられる現象を発見できる可能性が広がります。

名古屋大学教授の戸田山和久さん（二〇一二）は、問いを見つけるために新書を一冊読むことを薦めています。[5] 本を読む目的は「答えを見つける」ためではなく「問いを見つける」ことだとして、自分の興味・関心領域の新書を読むなかで「メウロコ」「ハゲドウ」「ナツイカ」「ハゲパツ」という反応の起こる箇所が、問いのヒントになるといいます。

「メウロコ」〈なるほどそうだったのか!と「目から鱗」の箇所〉
「ハゲドウ」〈そうだそうだ、わしもかねがねそう思っとったんよ、という「激しく同意」の箇所〉
「ナツイカ」〈ん?なんか変だな。どうしてそう言えるわけ?という「納得いかない」箇所〉
「ハゲパツ」〈なんじゃこれは、わしは絶対認めんけんね!という「激しく反発」の箇所〉

これらの要チェック箇所から自分にとってインパクトの強いトピックを選んで、「なぜ〇〇なのか」「〇〇すべきか」「〇〇と△△の違いは何か」といった問いの形にする方法を提示しています。このときに、大きすぎる問いを立てないようにすることが、非常に重要です。

特にビジネスパーソンは、自分の能力と費やせる時間を十分に考慮しないと、どう手を

5　戸田山和久『新版 論文の教室：レポートから卒論まで』(二〇一二) NHK出版。

図10 **アウトプットする前提でインプットすれば自分のものになる**

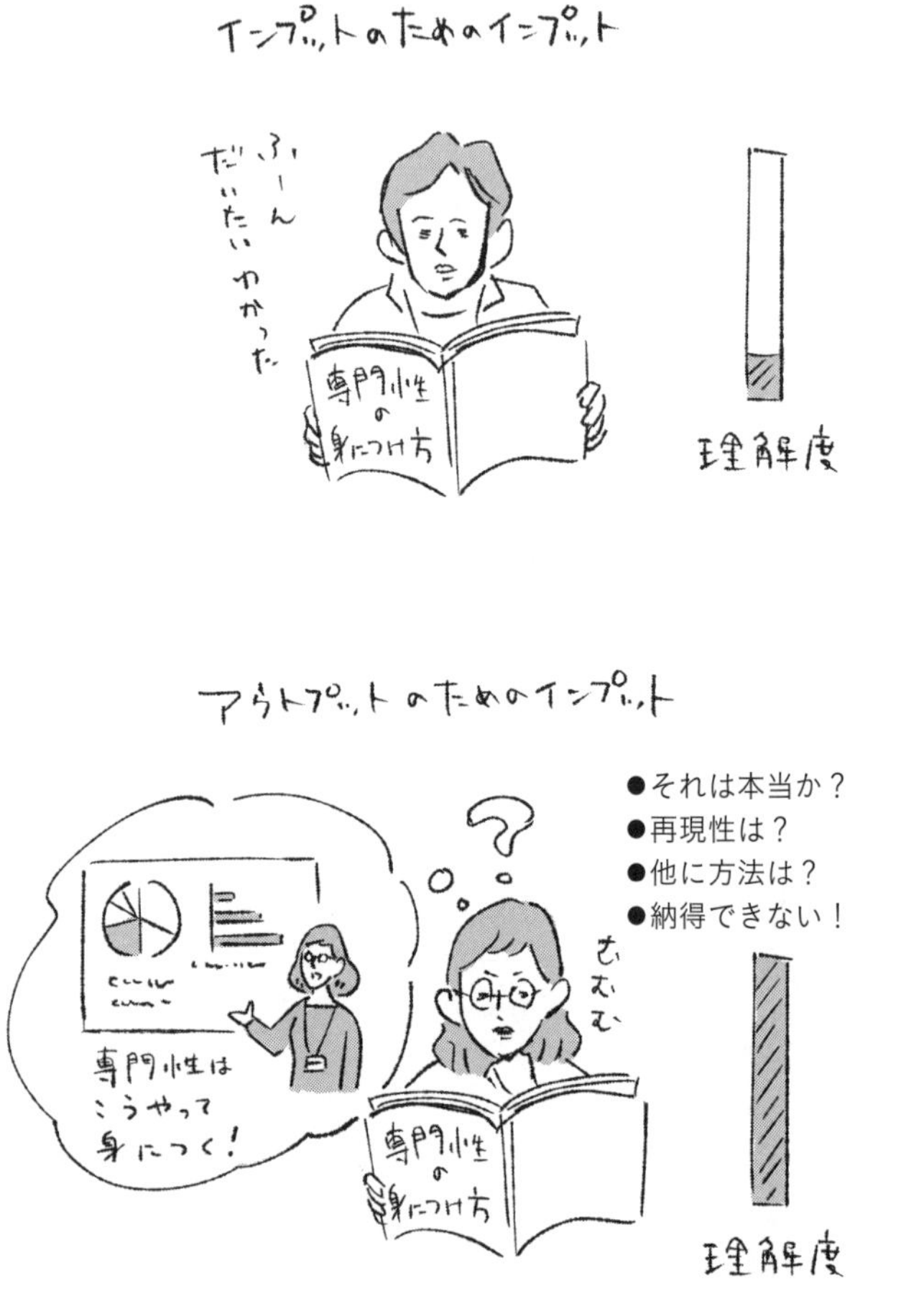

つけたらいいかわからなくなったり、答えに向かって進めなくなったりしてしまいます。つまり、問いを「狭く小さく、自分らしく」する意識が、成否を分けることになります。

この点について、戸田山さんは「えっ。こんなに小さな問題でいいの？」と思うくらいに絞り込むことが大切だと強調します。〈小さく絞り込んだ問題は、どんどん深めることができる。深まっていくと、逆に拡がりも出てくる〉として、〈一生かかっても答えの出ないような大きすぎる問題〉（私とは何か等）、〈手がかりも研究方法もおそらくないような問題〉（未来のポピュラー音楽はどうなるか等）、〈そもそも答えがないだろう問題〉（よりよい人間関係とは何か等）といった問いは避けるべきだとしています。

たとえば「芸術とは何か」という問いは、〈美しくなければ芸術ではありえないか〉〈オリジナル作品とその複製はどこがどう違うのか〉〈芸術の価値は文化を超えたものか〉〈便器を美術館に陳列したら芸術か〉といった小さな問いの集まりであるはずなので、問題を絞ることができるかどうかが決め手になるとアドバイスします。[6]

このように本を一冊読むにしても、何か自分の視点や問題意識をもって臨むのと、ただ

6　一見まわりくどく、具体的で限定がかかっているような、長いタイトルの論文ほど、何を研究しているかはわかりやすい。「ざっくりと説明してよ」というのは、ただ楽して情報を欲しがっている人の理屈でしかない（サンキュータツオ、二〇一五）。

書いてあることを受け取るというのでは、大きな違いがあります。すなわち、インプットを目的にインプットするよりも、アウトプットを目的にインプットしたほうが、格段に自分のものにしやすいのです（↓184ページ図10）。

たとえば、企業に求められるデジタルトランスフォーメーションをテーマにしたセミナーに出席して、専門家の講演を聞くときに、「わかったわかった」と自分が理解して終わるのと、「聞いた内容を会社に持ち帰って、みんなに説明してください」と事前に言われているのとでは、インプットの姿勢がまったく変わってきます。専門性を身につけることを目指すうえでは、インプットは目的ではなく手段ですので、手段を目的化させることなく、アウトプットを目的としてインプットするのが重要です。

つまり、「自分らしい問いを立てよう」という目的をもって、本を読んだり世の中の現象に目を向けることがポイントになります。そういった意識で、問いを立てるためのインプットを繰り返していると、だんだんと問いがシャープになっていくはずです。

専門性は鋭く尖ったもの

こうした問いの立て方については、一橋大学名誉教授の伊丹敬之さんが『創造的論文の書き方』（二〇〇一）において、「入り口は狭く、奥行きは深く」という極意を伝えています。

〈入り口が狭いと奥も狭い、と思いがちなのが初心者である。だから、最初から広そうな入り口を見つけようとする。しかし、それは間違いである。表面の狭さの背後に奥行きの深い広がりがあるのが、研究のふつうである。狭い入り口から広がる扇形をイメージすればいい〉として、〈狭いから取っつきやすい。その入り口のさらにどこから入ろうかなどと考える必要がなく、具体的にそこに入り口がある〉〈その作業プロセスで頭がさまざまに刺激を受けて、案外、さらに先へ行くための知恵も出てくる。だから、奥へ進める〉のです。

〈逆に、広そうに見える入り口は浅い奥行きにつながってしまうことが多い。逆扇、とでもいおうか。それは、広すぎて、深掘りする場所がわからないから、ただうろうろする。どうしようかと思っている内に日が暮れる。広すぎる入り口は人を迷わせ、したがって前進できなくする。そのために、結果として到達できる奥行きは浅くなってしまうことが多い〉という法則を教えてくれています。

そして〈小さな現象で多くの人が不思議さを感じるような現象を入り口にする〉ことによって、〈小さな現象だからまずは手に負える。しかも、多くの人が不思議に思うと言うことは、常識的な論理では説明しにくいということである。それは、新しい説明の論理がその奥に潜んでいることを示唆している〉といいます。

このことは、問いを立てるという観点にとどまらず、「専門性をつくるとはどういうことか」という根本を考えるうえで非常に重要です。専門性とは「広く浅い」ものではなく、「狭く深い」ことを意味します。

ですから、たとえば「マーケティングの専門家」と言うのは、マーケティングのことをまったく知らない人とある程度知っている人の区別にはなりますが、マーケティングの仕事に携わっている人からすると、「マーケティングのどの分野の専門家ですか？」ということを問われます。それに対して「デジタルマーケティングが専門です」「サービスマーケティングが専門です」と答えたとしても、「デジタルマーケティングのどの領域の専門家ですか？」とまた聞かれることになります。

「動画が得意です」「ビッグデータ分析ができます」「UI／UXデザインです」「メディアプランニングの経験が豊富にあります」というと、さらに「その領域で他の人に負けない能力がありますか？」「他の人にはない専門性をもっていますか？」と問われることになるのです。つまり、「専門性をつくる」というのは、他の人にはない「自分独自の専門領域をつくること」だといえます。

医者の専門性が「内科」「外科」「眼科」「耳鼻咽喉科」「皮膚科」「呼吸器科」「消化器

科」「循環器科」「精神科」「神経科」「小児科」「産婦人科」「放射線科」「麻酔科」「歯科」と分かれていて、さらには「外科」が「整形外科」「形成外科」「美容外科」「心臓外科」「脳神経外科」「呼吸器外科」「消化器外科」「肝胆膵臓外科」「小児外科」と細分化されているように、専門性とは「広く浅い」よりも「深く狭い」ことが価値を生みます。心臓の外科手術が必要なときに、「医者なので全般的に医学の知識があります」というお医者さんと、「心臓外科の専門医です」というお医者さんのどちらに命を預けようと思うかということが、価値ある専門性とは何かの答えになります。

医学における専門性と同様に、マーケティングに関わる仕事においても、マーケティング全般の知識を広く浅く知っていることは専門性としては認められず、「マーケティングの専門家です」という人よりも「TikTokのことは誰よりも深く追究しています」といった人のように、狭く深く掘れることのほうが専門性としての価値が高いということになります。専門性とは、鋭く尖ったものなのです。

「問い」がないと、専門性は深まらない

専門領域の土地勘

問いを立てることで、専門性を身につけていくためのスタートが切れることになりますが、逆に、問いがないままに専門領域に取り組もうとしても、いったい「何が問題なのか?」がわからず、どこまでも深く広がっている専門領域を漠然と眺めるだけの状態になってしまいます。

この点について伊丹敬之さん(二〇〇一)は、〈いいテーマにぶつかると、テーマ自身が自分を引っ張っていってくれることがよくある。自分の思考も進みやすいし、あるいは色々な人が興味をもって意見をくれたりする〉と言っています。

専門領域を深掘っていく糸口を見つけるために、〈どこから探したらいいかよくわからないというところから始まって、うろうろと悩みながら歩く。その悩みとそのプロセスで蓄積するものが人を育てる〉といいます。なじみのない分野を探索するプロセスにおいては、その専門領域における「土地勘」が重要であり、土地勘を養うためには、まずは問い

を立ててみることが重要だとしています。

表面的にそれぞれの分野のことを調べていても、どこが掘り下げるポイントなのかわかりにくく、範囲が広すぎてどこに可能性があるかも判断できません。まずは、それぞれの分野のなかで自分の興味が湧く小さな特定の現象に目をつけることで、それをきっかけに問いを立てて始めてしまったほうが、土地勘が養われていくのです。

この「専門領域の土地勘」を養うプロセスは、専門性を身につけるために大切な経験であり、どの専門領域を掘っていくときにも必要な要素になります。すなわち、問いを立てるということは、その専門性を身につけるための入口を見つけるということであり、入口を見つけないまま表面的に広く浅い知識を勉強していても、専門性にはつながっていきません。

入口になる現象に興味をもって入ってみると、中は案外広くて、さまざまな問題が研究対象としてありえるということが、目印をつけてみてはじめてわかります。少し入ってみると、他の入口のほうが良さそうに思えて、そっちもちょっと覗《のぞ》いてみようということになるかもしれません。

そうしたプロセスを経ながら、土地勘が養われていき、どんどん奥のほうに入っていくことができるのです。

伊丹さんは、まずは〈入り口の様子が面白そうかどうか〉を基準に入っていくと、問いの立て方が自分のイメージしているものよりも、さらに細かくしなければ、普通の人の能力では手に負えないことがわかるといいます。

この専門領域の土地勘というのは、とてもわかりやすい比喩表現で、たとえばカリフォルニア州に精通した人になろうと思ったときに、添乗員さんに引率してもらって観光スポットを回ったとしても、現地の土地勘は養われません。

土地勘を養うためには、ガイドブックを片手に自分でいろいろと見て回る必要があります。すると、最初はカリフォルニア州をマスターしようと思っていたとしても、それでは範囲があまりに広すぎることがわかってきて、ロサンゼルスにするかサンフランシスコにするか、はたまたサンディエゴなのかサクラメントなのか、自分が掘り下げたい領域を絞っていくことになります。ロサンゼルスに着目したとして、ロサンゼルスのお店をすべて見て回るのはこれまた長い道のりになりますので、エリアを絞るのかジャンルを絞るのかといったピンを立てていくことが必要です。そこで、ロサンゼルスのLGBTカルチャーを入口にして、そのエリアを深掘りしていきたいと目印をつけるのが、問いを立てるのに近いイメージといえます。

ネットで調べればわかるようなことや、他の人でも知っているようなレベルの情報を集めても、ウエストハリウッド通とは認めてもらえませんので、まだ誰も知らないような街の魅力を自分で開拓していくことになります。

そうやってウロウロと探し回りながら自分の興味・関心を絞り込んでいくなかで、専門領域の土地勘を養っていくプロセスを経験することが、次にまた違った新しい領域を掘り下げるときにも活きてきます。このように、自分の興味が湧くエリアで、小さな特定の現象に目をつけて掘ってみることから、問いが磨かれていくのです。

答えよりも問いを磨く

自分が興味をもった現象から問いを磨いていくための視点として、戸田山和久さん（二〇一二）は、次のような投げかけをしてみることを提案しています。

「本当に？」（信憑性）　　「いかにして？」（経緯）
「どういう意味？」（定義）　「どんなで？」（様態）
「いつ（から／まで）？」（時間）　「どうやって？」（方法）
「どこで？」（空間）　「なぜ？」（因果）
「だれ？」（主体）　「他ではどうか？」（比較）

「これについては？」（特殊化）　「すべてそうなのか？」（限定）

「これだけか？」（一般化）　「どうすべきか？」（当為）

さまざまな角度から、たくさんの論点を洗い出すことができれば、ひらめきと連想の広がりにつながるため、問いに磨きをかける有効な手段となります。

また『教養の書』（二〇二〇）[7]では、「批判的思考」（クリティカル・シンキング）も効果的であることが示されています。批判的思考とは、〈自分で自分の思考にツッコミを入れること〉であり、他人に向けられる以前に〈批判の相手はまず第一に自分自身〉だということを認識するのが重要とします。自分の考えを深めていくために、自分の思考に対する批判や反論を自分自身に向けて取り入れることで、自分が考えていることの精度がアップすると指摘されています。

このような試行錯誤を重ねて、自分らしい問いを立てることは、専門性を身につけるためにもっとも大切なステップです。

ピクサー・アニメーション・スタジオの社長を務めたエドウィン・キャットマルさんは、問いというのは〈異なる角度や別の筋道からもっと深く考えてみようと促すことだ〉と述べています。すべては自分たちの創造的なアウトプットの質にかかっている仕事において、絶えず新たな創造の領域を切り拓くためには、〈従来の考えに異を唱えることで壁を壊して、新しい解決の道に進もうとするエネルギーを生み出す問い〉が、鍵になると主張します。[8]

また、世界的な経営学者であるピーター・ドラッカーさんは、今から五〇年以上前に〈いちばん重要で、なおかつむずかしいのは、正しい答えを見つけることではない。正しい問いを見つけることだ。誤った問いへの正しい答えほど、むだなものはない〉という言葉を残しました。

さらに、かつてアインシュタインは、〈もし問題を解決する時間が一時間あり、自分の人生がその問題の解決にかかっているなら、わたしは適切な問いを導き出すことに最初の五五分間を費やすでしょう。適切な問いがわかれば、問題は五分で解けるからです〉と語ったという逸話もあります。[9]

7　戸田山和久『教養の書』（二〇二〇）筑摩書房。
8　ハル・グレガーセン『問いこそが答えだ！：正しく問う力が仕事と人生の視界を開く』（二〇二〇）光文社。
9　同右。

本当に役立つのは「専門知識そのもの」ではなく「深掘力」

見えない構造を明らかにする

ここまでみてきたように、仕事（ビジネス）で役に立ちそうな知識を得ることを繰り返していても浅い専門知識しか身につかず、その業界で認められるような深い専門性にはなりません。「広く浅く」と「狭く深く」のやり方は、根本的に異なっているからです。浅い専門知識が陳腐化するスピードがますます速くなる一方で、専門知識はどんどんディープになっていくので、新たな専門知識を開拓するべく掘りつづけることが必要になります。

また、現代のビジネスにおいては「すでに答えが存在する問題」に取り組むのではなく、「まだ答えがない問題」に取り組むことが求められるため、どんな領域を任されたとしても、「研究マインド」をもって「探究モード」で臨めることが重要といえます。

大切なポイントは、「役に立つ」ということの賞味期限が短くなっていくなかで、ビジネスパーソンにとって本当に役立つのは、「専門知識そのもの」ではなく「深掘力」だということです。

専門領域を深掘りしていくためには、問いが出発点になります。自分の興味・関心や知的好奇心、そして問題意識を研ぎ澄まして、まだ答えのない問いを立てることが専門性の入口です。「そこをもっと知りたいのに」「なんかちょっと違うんじゃないか」「こういうことなんじゃないだろうか」といった新規性や独自性の種を、問いの形にすることで専門性を身につけるための道が見えてきます。

では、深掘力とはいったいどのような力なのでしょうか。

それは、「見えない構造を明らかにする力」だということができます。世の中で現実に起こるさまざまな現象に対して、なぜそのようなことが起こっているのかを説明したり、現代の社会に現れる新たな現象を捉えて、それがどのような状態になっているのかを解明するなど、実際には見ることのできない構造を明らかにすることによって、人々がその現象を理解できるようになります。

簡単な例を挙げると、二〇一七年にユーキャンの流行語大賞で大賞となった「インスタ映え」です。「インスタ映え」という新しい概念を用いることによって、「なぜそんな行動をとるのか」あるいは「どうしてここに人が集まるのか」という理由を説明することができ、新たに生起した現象の見えない構造を捉えることが可能になります。そのほか「タテ社会」[10]「婚活」[11]「聖地巡礼」「限界集落」「ヤングケアラー」「ワーキングプア」「ブラック企業」「ファスト教養」[12]などの例からも、新しい概念によって「見えなかった構造が明らかになる」ということが、イメージできるかと思います。

このように、見えない構造を明らかにする力が、「深掘力」なのです。

社会の構造は目に見えない

「深掘力」＝「見えない構造を明らかにする力」は、何かを研究するという経験から得られるもっとも重要な能力です。研究を通じてこの力を習得することができれば、どのような専門領域であっても、「新しい知識を生み出すこと」＝「専門性」を身につけることができるようになります。

「見えない構造を明らかにする」とはどういうことかについては、経済学者の内田義彦さんが『読書と社会科学』（一九八五）において、顕微鏡を通して肉眼では見えない世界（物質の構造）を観察するように、社会科学では「概念」[13]という装置を使って、現象の奥にある構造を見極めることだと考察しています。すなわち、社会で起こるさまざまな現象を、「概念装置」を通して捉えることによって、実際には見ることのできない構造が観察できるということです。学問は大きく「自然科学」[14]「社会科学」[15]「人文科学」[16]の三つに分類されますが、「自然科学」が自然現象を研究対象とする学問であるのに対して、「社会科学」は社会現象を研究対象とします。自然科学においては、電子顕微鏡や天体望遠鏡あるいは粒子加速器といった「物的装置」を使うことによって、肉眼では見ることのできない自然現象を観察して捉え、自然界の見えない構造を明らかにしています。

しかし、社会科学においては、社会現象の背後にある見えない構造を観察できるような「物的装置」はありません。この点について内田さんは、〈社会科学の全般に通ずることでしょうけれども〉〈そういう便利有効な物的装置を備えていない〉〈じゃあ、その代わりに何を使うのか、何を使ってこの眼を補佐するのかというと、それがさきほどいった概念装置です。概念装置を脳内に組み立て、それを使ってものを見る。物的装置をもたない心細

10　中根千枝『タテ社会の人間関係』（一九六七）講談社。
11　山田昌弘、白河桃子『「婚活」時代』（二〇〇八）ディスカヴァー・トゥエンティワン。
12　レジー『ファスト教養：一〇分で答えが欲しい人たち』（二〇二二）集英社。
13　概念とは「物事の本質をとらえる思考の形式」（広辞苑）、「個々の事物から共通の性質や一般的性質を抽出して作られる表象のこと」（類語例解辞典）。
14　数学、物理学、生物学、化学、工学、医学など。
15　経済学、政治学、法学、社会学、教育学、経営学など。
16　文学、哲学、心理学、歴史学、宗教学、芸術学、文化人類学など。社会科学が人間の集団的・社会的な動きを研究するのに対し、人文科学は人間の文化的な側面を研究する（学研キッズネット辞典）。

さが残りますが、概念装置を使うことによって、肉眼では見えないいろいろの事柄がこの眼に見えてくる〉〈ソクラテスの天才をもたないわれわれでも、一定の努力をはらって概念装置を脳中にしつらえ〉〈それを使って社会現象をとらえ、とらえたものをまたそれをつかって伝達する〉〈それが概念装置の機能です〉と述べています。[17]

そして、〈概念装置を脳内に組み立てることがかなめになります。歴史的にみても、人文学の流れのなかから経験科学としての社会諸科学が生まれさまざまに発展してきたのも、先学が、ものを有効にみとどけるために苦労して概念装置をつくり上げる努力をかさねた営為の結果です〉と言及します。

構造を見抜ければ勝機あり

深掘力とは、別の言い方をすれば「メカニズムを明らかにする」ことだといえます。

世の中の現象には、「目の前に現れて見えていること」の背景（裏側）に、「その現象を起こしているメカニズム」が存在しています。地震が起こったり火山が噴火したり、皆既日食や流星が発生したりする自然現象については、物的装置を使ってそのメカニズムを明らかにすることができます。

一方で、インスタ映えや婚活が流行したり、ヤングケアラーやワーキングプアといった問題が発生したりする社会現象については、物的装置ではなく概念装置を使って、そのメカニズムを明らかにすることができます。裏側にあるメカニズムがわからなければ、目の前に現れている現実だけを見ることしかできませんので、その背景に何があるのかを考えないままに、わかりやすい利益を追い求めることしかできません。

端的な例を挙げると、強盗や特殊詐欺の実行犯になってしまいます。組織的犯罪のメカニズムを理解しないまま、提示された取り分に誘惑されて、意のままに動かされる駒として使い捨てにされる運命です。ここまで極端ではないとしても、背景（裏側）にあるメカニズムをちゃんと理解しないまま、給料をもらうために会社から与えられたミッションを忠実に遂行しているビジネスパーソンも、同じような運命をたどってしまう危険性がありますので、メカニズムを明らかにする深掘力は非常に重要な能力だといえます。

このように、政治・経済や経営・マーケティングをはじめとする社会科学において、さまざまな社会現象が「なぜどのようにして起こっているのか」という、実際には見えない構造を観察するための概念装置を使いこなせるようになることで、「すでに答えが存在する問題」に取り組むのではなく、現代のビジネスで鍵となる「まだ答えのない問い」（イ

17　この点については、小林ら（一九九五）でも「論理はあらかじめ対象のなかに自然に与えられてあるのではなく、言語を通して発明されるもの」と説明している。

シュー)[18]を見つけ出すことができます。

内田さんによれば、〈何か問題があるらしいが、何を問題とすべきか、問題とすべき対象は見えない〉〈あらかじめ明確に意識されているというかたちでは存在していないのです。肉眼では見えない。掘りおこしてはじめて問題が問題として出てくる、という不明確なかたちで問題は存在〉しているため、自前の概念装置を組み立てることの重要性が強調されます。そうすることによって、〈概念装置の組み立て方、使い方をほんとうに呑みこんで自前のものとしておれば、それを基礎にして、新しいものを自由に自分で作ることができます〉〈身のまわりに生起して自分をまきこんでいる現象をこの眼でしっかりととらえうる能力、自分の仕事とくらしに応じてその都度必要になってくるであろう概念装置を自由に組み立てて批判的にものを見る能力が身についてくる〉のです。

このように、専門性を身につけるプロセスで得られる深掘力は、専門知識そのものよりも仕事での汎用性が高い能力だといえます。

18 イシューの重要性については、安宅和人『イシューからはじめよ:知的生産の「シンプルな本質」』(二〇一〇)を参照。

ステップ 2 オリジナリティを発見する

専門性を身につけるためのファーストステップとして、「自分らしい問いを立てる」ということができたら、次は「オリジナリティを発見する」ことがセカンドステップになります。

価値のある専門性は、その人しかもっていないオリジナルなものです。自分が立てた問いに答えていくにあたって、それを自分ならではの専門性につなげていくためには、問いの「新規性」と「独自性」が生命線といえます。

すでにわかっていることは何か

誰かがすでに答えを出した問いや、似たような問いがあふれているものに対して、答えを出したとしても何の価値も生み出せません。したがって「自分らしい問い」というのが、「本当にオリジナリティがあるのかどうか」を探ることが、ここで重要になってきます。

東京大学名誉教授の上野千鶴子さんは、『情報生産者になる』（二〇一八）のなかで、〈誰も立てたことのない問い〉を立てれば、その〈問いに答えたあなたはパイオニアになります し、他に競合相手がいないのですから、その分野の第一人者にもなれる〉といいます。

適切な問いを立てられれば、研究の成功は半ばまで約束されているとして、〈現実をどんなふうに切り取って見せるかという、切り込みの鋭さと切り口の鮮やかさ〉そして〈問いのスケール感〉を間違えずに〈限られた時間のなかで答えが出る問いを立てることで、問いから答えまでのプロセス〉をいったん経験すれば、〈あとは問いのスケールを拡大したり、問いの対象を変えたりしても、応用が可能になります〉と述べています。

すなわち、ここまでの章で見てきたように、専門性を身につける型を横展開して、自分らしい専門領域をつくることができるようになるということです。

誰も立てたことのない問いを立てて、その新規性と独自性によってパイオニアになった例としては、ユーグレナを創業した出雲充さんが挙げられます。

出雲さんは「貧困や飢餓で困っている人々を助けたい」という思いを抱いて学生時代に訪れたバングラデシュで、実は食料が足りていないのではなく、栄養のない食事が原因で栄養失調になってしまっているという現実を目の当たりにしたといいます。[1] 多くの種類の肉や野菜を新鮮なまま届けることが難しいバングラデシュの現状を変えるために、出雲さんが立てたのが「さまざまな栄養素がひとつに詰まった素材はあるのか」という問いでした。その問いを探究するために、東京大学の文系から農学部へ転部した出雲さんは「ミドリムシ」（ユーグレナ）と出会います。それをきっかけとして研究に研究を重ねて、世界初となるユーグレナの屋外大量培養を成功させたことで、起業した会社を日本有数のバイオベンチャー企業へと導いたのです。

ユーグレナはいまや健康商品をはじめとするヘルスケア事業にとどまらず、エネルギーや環境など多角的な事業を展開しています。自分らしくオリジナリティのある問いを立てることができれば、可能性はどこまでも広がっていくことがわかります。

セカンドステップのポイントになるのは、「オリジナリティ」です。

上野さんは、オリジナルな問いには、オリジナルな答えが生まれるとしていますが、オリジナリティとは何かについて、〈すでにある情報の集合に対する距離のこと〉と定義します。すなわち、〈誰も立てたことのない問いを立てるには、すでに誰がどんな問いを立

1　https://www.euglena.jp/companyinfo/message/

て、どんな答えを出したかを知らなければ〉ならないため、〈すでにある情報の集合を知識として知っていること〉が必要です。これが重要な点で、自分の立てた問いにオリジナリティがあることを伝えるためには、過去に同じような問いを立てた人はいなかったということを説明しなければなりません。

セカンドステップは、「すでにある知識の集合」に対して過去の文献をあたって、「すでにわかっていること」（誰が何を言っているか）を整理することで、自分の立てた問いが「まだわかっていないこと」だと明確にできれば、完了となります。

「すでにある知識の集合」を調べなければ、自分の問いがオリジナルかどうかわからず、既に答えが出ていることを問いとして立ててしまっているかもしれません。したがって、自分が立てた問いの「オリジナリティを発見する」必要があるのです。

ブルー・オーシャンを探す

オリジナリティを発見するというのは、経営学でいうところの「ブルー・オーシャン戦略」[2]といえます。ブルー・オーシャン戦略とは、経営学者のW・チャン・キムとレネ・モボルニュによって提唱された考え方で、従来存在しなかったまったく新しい領域で事業を展開することで、他社と競合することなく収益を上げることが可能になります。逆に、限られたパイを奪い合うような競争が行われている領域を「レッド・オーシャン」と呼び、血みどろの戦いが不可避となり、コモディティ化も進みやすいとされます。

ブルー・オーシャン戦略を成功させたわかりやすい例としては、木村拓哉さんや江口洋介さんが挙げられます。人気俳優がひしめく世界において、一九九〇年代に「ロン毛」という新たな領域を開拓し、イケメンの新しいジャンルを確立しました。その後、女子の好きなタイプで「ロン毛」という髪型が挙がるようになるほど一世を風靡《ふうび》したことで、モテたい男性陣のロン毛市場への参入が相次ぎ、世の中にロン毛があふれるレッド・オーシャンとなった歴史があります。

当時、ニューヨークに住んでいた友人に会いに行ったときに、「何その髪型?」と言われて「今東京では、ロン毛が流行《はや》ってるんだよ」と答えたら、「え?　もしかしてロングヘアのこと言ってる?」と「ロン毛」のワードに爆笑された記憶が残っています。それほど「ロン毛」というブルー・オーシャンは、オリジナリティあふれる新領域だったといえます。

オリジナリティを発見することの難しさについて、上野さんは〈問いには、ありきたり

2　https://www.nri.com/jp/knowledge/glossary/lst/ha/blue_ocean

な問いとユニークな問いとがあります。ありきたりな問いとは、他にも多くのひとが考えつきそうな問いのことですから〈あなた以外のたくさんのひとたちが取り組んでいて、すでに答えが出ている可能性があります〉と指摘しています。

そのうえで〈誰もが思いつくような凡庸な問いには、先行研究が大量に存在すること、反対にめったに他人が思いつかない問いには先行研究が少ない〉傾向があり、問いが巨大すぎると〈膨大な先行研究がありますので、それをインプットするだけでも一生かかるでしょう。それに言語圏を超えた情報が蓄積されています。こういう巨大な問いにはたいがい専門家集団や業界というものが成り立っていて、そのひとたちは詳細なデータを蓄積していますし、ほとんどフルタイムで研究に従事しています。相手にしてもとうていかないっこありません。負ける勝負は最初からしないものです〉とアドバイスします。

先行研究が多ければオリジナリティを発揮するハードルが高くなり、先行研究が少ないと手がかりになる材料が乏しくなる反面、自由にアプローチすることができ、その分野でのパイオニアとなり、第一人者になることも可能です。

ステップ1で述べた「自分らしい問い」というのは、今まで自分が経験し、接してきた膨大な情報の蓄積から派生したものであり、そういった自分ならではの視点が、すでに存在しているものとの距離を生んでオリジナリティになりますので、〈自分の問いは先行研究で八割まで解かれている、だがあとの二割は問いも立てられていないし、解かれてもいない。どんな書物や論文を読んでも、きっとそう感じるはずです〉と、上野さんはメッセージを送っています。

これまでに蓄積された文献を調べるなかで、専門領域における空白地帯を見つけ出すことができれば、「すでにある知識の集合に対する距離」＝「オリジナリティ」を発見したことになり、ブルー・オーシャンで自分の専門性を深掘りするチャンスがめぐってきます。

自分の専門性を「差別化」する

「この領域はアイツに聞け」をつくる

オリジナリティを発見するというセカンドステップは、「自分の専門性を差別化する」という意味において、もっとも重要です。

自分の専門性がありふれたものであったり、他の人がもっと先に進んでいるようなものであったとすれば、それは自分の専門性とは呼べません。誰かが先にやっている領域を、後追いしてキャッチアップしたとしても、その領域は自分の専門性にはならないのです。

仕事で認められるような専門性というのは、自分ならではの専門性ですので、他の人で代替可能な専門性であれば、そのぶん専門性としての価値は低くなります。

第1章でみたように、「余人をもって代えがたい」という状態に近づいていかなければ、会社や顧客にとってあなたは取るに足らない存在になってしまう運命にあります。そもそも専門性がなければ、これからの労働市場を生き抜いていくことは難しいのですが、特に意識しなければならないのは、他の人と同じような水準で、専門家であればだいたい知っているような知識をもっていたとしても、専門性としては認められないという競争の原理です。つまり専門性とは、狭くて小さい「自分独自の専門領域をつくること」だといえます。

ビジネスにおいて価値のある専門知識とは、「一般的な専門知識」ではなく「差別化された専門知識」です。自分のライバルや競合他社がもっていないような専門知識が価値を生むため、新たな専門知識を創造することが求められます。

したがって、その専門領域のなかで誰も掘っていない場所（空白地帯）を探し当てるのが、自分の専門性を差別化する（オリジナリティを発見する）ために、一番大事なポイントになるのです。

目の付けどころが良ければ、いいものが生まれます。ほぼそれで決まる、といっても過言ではありません。自分のオリジナリティを発見するうえでは、自分のバックグラウンドや自分らしさに、独自性のヒントがあります。

「なんでそこにそんな興味があるの？」と言われそうな領域は、誰も深掘りしようと思っていないブルー・オーシャンである可能性が高いです。また、そういった自分の知的好奇心でドライブできそうな領域であれば、後から他の人に掘られても負けないポジショニング[3]につながります。

専門性を仕事で発揮するために大切なのは、ナンバーワンを目指す競争は避けて、オンリーワンの専門性を目指すことだといえます。すなわち、「この領域はアイツに聞け」というオリジナリティを発見するのが、自分の専門性を差別化するゴールになります。

このように、専門性とは「専門領域の陣取り合戦」だという視点で捉えると、専門領域の土地勘を養いながら、狭くて小さい未開の領域を見つけて、まだ誰も掘っていないような空白地帯で、自分独自の専門領域をつくることが決め手になります。つまり、自分のオ

3　ポジショニングとは「競合他社の製品と差別化を図り、顧客に対してアピールできるような自社製品の提供価値を決めるプロセス」。（https://www.utokyo-ipc.co.jp/column/positioning/）

リジナリティが際立つポジショニングを意識するということです。

論文を読めば知識を差別化できる

専門領域の陣取り合戦に負けないように、自分の知識を手っ取り早く差別化する方法として、「論文を読む」ということが挙げられます。ビジネスパーソンは、自分の仕事に関わる領域について、本を読む人は多くても、論文を読む人はすごく少ないのではないかと思います。ですから、本だけでなく論文を読むことによって、自分の知識が差別化されることになります。ビジネスパーソンにとっては、論文はあまりなじみがないものかもしれませんが、実は、論文は本よりもずっと短く、一五ページぐらいでまとめられています。[4]しかも、冒頭にある論文の要旨を読めば、書かれていることの要点が把握できるようになっているのです。

また、論文では必ず「先行研究の検討」が行われているため、そのテーマですでにわかっていることが簡潔に整理されています。そのうえ書き方についても、論文は本よりも相当厳格なルールが設定されているので、本当に必要で確かな内容以外を書くことが許されておらず、これまで蓄積されてきた「すでにある知識の集合」（↓206ページ）を知るのに、タイムパフォーマンスが良い読み物なのです。

ビジネスパーソンが論文を読まないという現状は、大学教授をはじめとする研究者の人たちが、ビジネスパーソンに対して専門性が高い状態をキープして、専門領域における優位性を築くために大きく貢献しているといえます。

論文を読むことが、知識の差別化につながる理由は、その専門領域における最先端の知識の宝庫だからです。

この点について、読書猿さんは『独学大全：絶対に「学ぶこと」をあきらめたくない人のための55の技法』（二〇二〇）のなかで、論文は本の上流に位置するものであり、知識を生み出す人々が届ける「知の産地直送便」と表現しています。産地直送であるがゆえに、これまでは特殊なルートを通してしか手に入れることが難しかったのですが、インターネットが普及した今日ではさまざまな仕組みが整備されたことで、〈論文を求めれば、人類の知識拡大の最前線に立つ、知の生産者から直に、最新の知見を手に入れることができる〉と説明します。

知識の流通の観点からみると、ほとんどすべての本は中古であり、論文を読むメリットとして、論文の内容が本より「多様」「詳細」で「新しく」かつ「短い」という点が挙げ

4　仮想通貨を発明したサトシ・ナカモトが、二〇〇八年一〇月にネット上で発表した論文「ビットコイン」は九ページだった（朝日新聞 2020/3/8 朝刊）。

図11「勉強」と「研究」の決定的な違いとは？

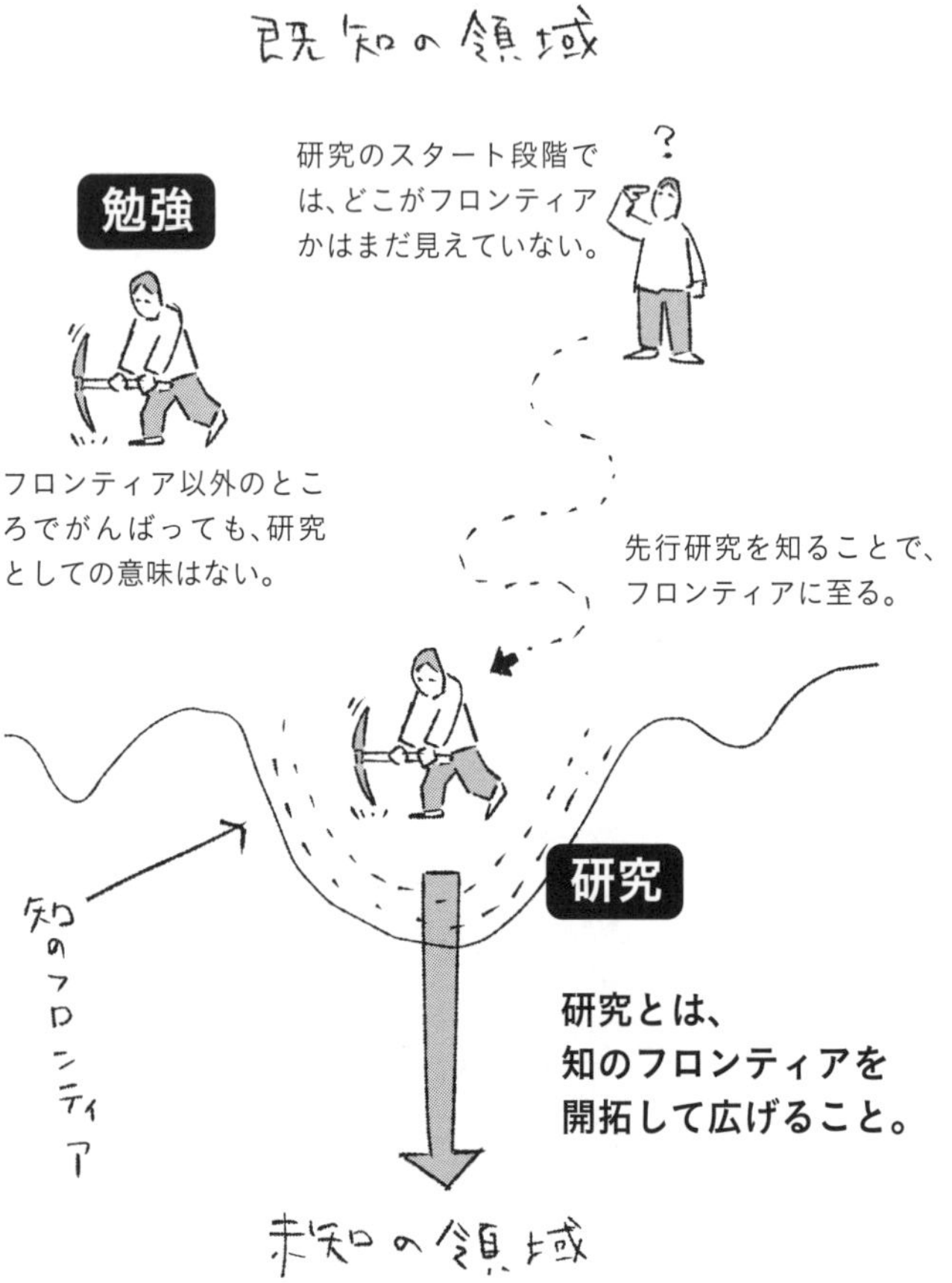
既知の領域
研究のスタート段階では、どこがフロンティアかはまだ見えていない。
勉強
フロンティア以外のところでがんばっても、研究としての意味はない。
先行研究を知ることで、フロンティアに至る。
研究
知のフロンティア
研究とは、知のフロンティアを開拓して広げること。
未知の領域

＊井庭崇さんのブログ「『研究』と『勉強』の違い」（2008）に掲載されている図版を基に作成。

られています。

また、慶應義塾大学教授の井庭《いば》崇《たかし》さんは、自身のブログ『Concept Walk』のなかで「『研究』と『勉強』の違い」（二〇〇八）[5]について、わかりやすく図解しています（↓214ページ図11）。〈いくら「勉強」をしても「研究」にはならない。この「研究」と「勉強」の違いを意識することが、研究テーマを考える上でとても重要〉だとして、知のフロンティアを開拓することが研究である、ということを示します。論文を読むことで、いま何がわかっていて（既知の領域）、何がわかっていないのか（未知の領域）という、「知のフロンティア」を知ることができるのです。

文献を「目利き」する

参考文献が超重要

論文を読むことの重要性を理解したところで、どうやって論文を探せばいいのか？　と

5　http://web.sfc.keio.ac.jp/~iba/sb/log/eid75.html

いうことについて説明したいと思います。

さきほどありましたように、論文の検索は、以前のように難しくはなくなり、探し方を知っていれば簡単にできるようになりました。主要な検索サイトは、次の五つです。

- Google Scholar[6]
- CiNii Research（国立情報学研究所）[7]
- J-STAGE（科学技術振興機構）[8]
- NDL ONLINE（国立国会図書館）[9]
- IRDB（学術機関リポジトリデータベース）[10]

論文の探し方ガイドについても、国立国会図書館のサイトに掲載されています。[11]
では、最初のとっかかりになる論文はどうやって見つければいいかについてですが、まずは興味・関心がある領域の「レビュー論文」を読むのが近道です。レビュー論文とは、その分野で代表的な論文を紹介してくれている論文で、これまでにどんなことが研究されてきて、どういうことがわかったのかを俯瞰的に把握することができます。
レビュー論文を読むだけでも、専門領域の土地勘がおおよそつかめるようになりますので、自分に関連しそうな領域のものを探してみることをオススメします。テーマの概観や動向だけでなく、展望までしてくれているものもあり、これからこういう研究が期待されているということもわかるかもしれません。レビュー論文は、右に挙げた検索サイトにおいて、「○○　レビュー」「○○　動向」「○○　展開」「○○　展望」「○○　過去」「○○　メタ分析」「○○　研究　歴史」といった形で、論文検索すれば出てきます。○○には、専門分野かテーマに関する大きめのキーワードを入れると見つかりやすいです。レビュー論文で重要な論文を幅広く知ることができますので、そのなかから自分が気になる論文をピックアップすれば、それが自分の興味・関心を掘り下げていくための起点になります。

もうひとつ、起点となる論文を見つける方法として、博士論文で最初のほうに書かれている「先行研究の検討」を読むという手があります。

6　https://scholar.google.co.jp/schhp?hl=ja
7　https://cir.nii.ac.jp/
8　https://www.jstage.jst.go.jp/browse/-char/ja/
9　https://ndlonline.ndl.go.jp/#!/
10　https://irdb.nii.ac.jp/
11　https://rnavi.ndl.go.jp/jp/periodicals/post_605.html

博士論文は、かなり厳しくチェックされていますので、そのテーマに関わる重要な論文を先行研究の整理から抜け漏れさせるわけにはいかず、論文のレビューとしての精度は高いです。博士論文の検索も、「NDL ONLINE」（国立国会図書館）でできますし、二〇一三年四月以降に博士号が授与された博士論文については原則、学位授与した大学がインターネット上で全文公開するという規則になっています。[12] 二〇一三年三月以前に学位授与された博士論文については、すべて国立国会図書館に所蔵されています（一九二三年九月以降）。

レビュー論文や博士論文の「先行研究の検討」でまとめられている主要な論文から、自分が気になる論文を見つけたら、その論文の参考文献に挙げられている文献（その論文より前の文献）をたどっていくことで、そのトピックでどんなことが議論されてきたかを知ることができます。

また、「Google Scholar」でその論文を検索すると、「被引用数」が出てきますので、そこから、その論文を引用した文献（その論文より後の文献）をたどっていくこともできます。[13] そうすると、もっと自分の興味・関心に合う文献が出てきたり、文献と文献のつながりが見えてきたりすることで、その専門領域における土地勘が鋭くなってくるのです。

この感覚が磨かれてくると、空白地帯を見つけて自分の専門性を差別化することに近づきます。徐々に、自分ならではの視点で新規性と独自性のある問いを立てられているかの判断がつくようになりますので、オリジナリティを発見するというセカンドステップのゴールイメージが明確になっていきます。

論文を探すときに知っておいたほうがいいポイントは、いい論文が「参考文献に挙げている文献」は、いい文献である可能性が高いということです。また、多くの論文が「参考文献に挙げている文献」は、その専門領域において重要な文献だといえます。

このように、参考文献に注目することで、論文の「目利き」ができるようになります。実際に大学教授などは、論文の参考文献を見て、論文の良し悪しをある程度判断したりします。このテーマであの論文が参考文献に入っていないのはおかしいとか、筋が良さそうな論文が参考文献に並んでいて興味深いとか、論文を読む前にまずは参考文献を見るというぐらい、目利きに重要な要素なのです。

参考文献をたどっていくとわかってくるのですが、いい論文というのは、「いい系統」

12　各大学の検索サイト一覧は、https://irdb.nii.ac.jp/repositorylist を参照。
13　「いい論文が参考文献に挙げている文献」はいい文献である可能性が高いが、「いい論文を参考文献に挙げている文献」がいい文献かどうかはまったく定かではないので、注意が必要。

として流れがつながっていて、固まって存在していることがほとんどですので、そういうつながりを見つけることができれば、いい問いを立てられる確率が上がります。

目次の比較も重要

論文の目利きと同様に、本の目利きをできるようになることも重要です。

論文の目利きにおいて参考文献がポイントになるのと同じく、本を選ぶときも参考文献がちゃんと書かれているかどうかを、まずはチェックする必要があります。問いを立てて専門性を深めていこうとするときに、参考文献が挙げられていない本は読まなくていい本です。専門性の高い人が、専門的なことを書くときに、参考文献を明記しないというのは絶対にありえないと断言できますので、参考文献がない本は、専門性が身につかない本だと判断して問題ありません。

次に、著者の経歴やバックグラウンドをチェックします。判断基準としては、その人が博士号を持っているか、もしくは、博士課程を出ているかどうかで選別ができます。ビジネスパーソンは、手当たり次第に本を読む時間はないと思いますので、「自分らしい問いを立てる」「オリジナリティを発見する」ために本を読むときには、博士課程を出ていない人が書いた本はいったんすべて後回しにしたほうがよいと思います。できるだけ厳選して選びたいということであれば、一流大学（旧帝大など）の博士課程を出ている人が書いた本に絞って、その本の参考文献からたどっていくという道を選んだほうが、良質な文献に出会える可能性が高いです。

論文と同様に、いい本はいい系統として固まっているケースが多いので、そのつながりを見つけてたどっていくことで、自分が興味・関心のあるテーマや専門領域の全体像を把握することができます。

また、多くの本が参考文献にあげている文献は、重要な文献といえます。そういったキーブックを見つけられれば、そこからどんなふうにテーマが広がっているかということがわかりますので、その専門領域の土地勘を養ったり、空白地帯を探したりすることのヒントになるかもしれません。

本に関する検索サイトは、「WebcatPlus」（国立情報学研究所）[14]の連想検索も、参考になります。

本を読み始める前に、まず「参考文献」と「著者の経歴」をチェックして、どの本を読むべきかという選書眼を良くすることに加えて、「目次」を読み解くことによって、その

14　http://webcatplus.nii.ac.jp/

本で扱われているテーマが「どのように構造化されているか」をつかむことも重要です。第3章で述べたように、専門知識とは「構造的な知識」ですので、どう章立てがされているかを見ることで、その本のテーマを著者がどんな形で分解して、答えを出しているかを捉えることができます。

また、自分がピックアップした本の目次を見比べてみると、それぞれの著者によってテーマに対する論点の組み立て方がぜんぜん違ったりしますので、その専門領域でトピックになっているようなテーマに対して、どんなアプローチの仕方があるのか、おおよそアウトラインの見当がついてきます。自分が立てた問いや自分の視点にオリジナリティがあるかどうかも、関係する本の目次を見渡すことで、だんだんわかってくるはずです。

このテーマであれば、自分だったらこんなふうに組み立てるのに、という観点で目次を見られるようになれば、自分ならではの「知識の構造化」の仕方がイメージできてきているということになります。

以上のように、本をいきなり読むのではなく、参考文献をたどって本のつながりを知り、興味あるテーマの全体像や構造と成り立ちを把握することで、すでに本に書いてある知識をインプットするよりも大事な、まだ答えがない問いのオリジナリティを発見することにつながるのです。

「どこが新しいのか」を明確にする

一歩でも前進すれば新しい

自分が立てた問いに関連する文献の「目利き」をして、これまで蓄積されてきた知識を概観することで、問いのオリジナリティを見いだすことができれば、そのオリジナリティを伝えるために、自分の問いの「どこが新しいのか」を明確にする必要があります。

この章の最初でみたように、オリジナリティとは「すでにある情報の集合に対する距離のこと」（↓205ページ）ですので、すでにある知識の集合にはない新規性と独自性が、新たな専門知識としての価値になります。

オリジナリティの基準としては、東京大学教養学部の「基礎演習」テキストである『知の技法』（一九九四）および『新・知の技法』（一九九八）において、次の四つのどれかを含んでいるかどうかが目安になるとされています。

①〈発見：新しい現象や事実の発見の報告〉

②〈発明：ある現象や事実について新しい解釈や説明理論を発明することで新たな理解を提示する〉

③〈統合・関連：新旧のさまざまな現象や事実、さまざまな解釈や説明理論、それらを関連させ、総合することで新たな理解を提示する〉

④〈批判・再解釈：上記の発見、発明、総合・関連についての批判や評価、説明や解析〉[15]

これらの視点から〈自分が今考えていることのどこが新しいのか、発見なのか再解釈なのか、理論化なのか理論批判なのか、といったことを意識的に捉える〉ことが大切で、〈どんなにささやかではあれ、これまでの人間の知的活動のすべてから成果を受け取り、それに対して成果を付け加えて行く〉行為が、新しい知識を生み出すということになります。

問いのオリジナリティがいかに重要かということについては、フランスにおける博士論文の制度が例に挙げられており、研究を始めるにあたって論文のタイトルを登録する必要があるということなのですが、同じようなテーマで研究している人がいた場合には、その人の論文が書き上がるまでは、同種のタイトルは登録を受け付けてもらえないそうです。

この例は、先ほど述べた「専門性とは、専門領域の陣取り合戦」（↓211ページ）だということを、実際に制度化していると捉えることができます。問いのオリジナリティが、答えを出すまで守られるというのは面白い発想です。

ビジネスの世界では、アイディアはすぐに模倣されることになりますので、自分が目をつけたことを後から模倣されたときに、いかに優位性を保っていくかという競争が生じます。専門領域の陣取り合戦でも同じ現象が起こりますので、どこまで深掘りできるかということが勝負の決め手になることを踏まえて、「自分らしさ」や「好き」を活かせる独自領域を見つけて戦うのが、大事なポイントになります。

東京大学のテキストでは、研究とは〈先行する言説の森の奥深くに分け入って、それを探査することから、なにかひとつ「いままで言われていなかったこと」を見つけてくる作業です〉と語られています。

その過程で〈はじめに自分が考えていたことが、すでに明確に言われていることを発見することになるかもしれません。あるいは、問題がもっと大きなスケールで、あるいは全然別な角度から論じられていることに気がつくかもしれません〉が、〈先行論文を読むう

15　要するに「発見／発明／総合／再解釈のいずれか」（小林ほか、一九九五）。

ちに、当初、考えていたテーマが維持できなくなり、変化していくのはむしろ当然で、望ましいことですらある〉と示唆します。

これは、ステップ1で取り上げた伊丹敬之さんが述べていたように、探索のプロセス自体が重要であり、そこで専門領域の土地勘が養われることによって、自分独自の視点が研ぎ澄まされるということです。

そうしたプロセスを経て、「どこが新しいのか」ということが明確になっていくといえます。自分が言っていることの「どこが新しいのか」を明確にするのは、本当に重要です。

自分の考えや言っていることというのは、これまでの人生のなかで得てきた知識や経験から形成されているものですので、よっぽど他の人が経験したことのないような前人未踏の境地に足を踏み入れていない限りは、新しい部分はそんなに多くないはずです。

自分の考えや言っていることのほとんどは、本を読んだり話を聞いたりして、他の誰かから得たものだと考えられます。自分はすごく新しいことを言っていると感じたり、誰かがこれはまったく新しい考えだと言っていたとすれば、それは単に、ちゃんと調べていないか、読んできた本の量が少ないか、というだけの可能性が高いです。

今、名を馳せている評論家やコメンテーター、有名な教授や本の著者であったとしても、その人たちが言っていることや示している考えは、何十年か何百年か前に、同じようにすごかった人たちが言っていたことや書いていたことがベースになっている、と感じることはかなり多くあります。

つまり、「Google Scholar のトップページに掲げられているように、すごい人たちは「巨人の肩の上に立つ」ことができているから、すごいのです。ここで重要なことは、どんなに新しいことを言っているように見えても、そのほとんどは新しくはないということです。

ですから、どこが新しくて、どこが巨人の肩の上に立っているのかを、ちゃんと明確にすることが大切ですし、すごい人がすごいことを言っているように見えても、本当にオリジナルで新しい部分はどこなのかを見抜けることが、非常に大事なポイントになります。

実例：会社の先輩の話
＊その2

ステップ1で「会社の未来を支えていく次世代の人材をいかに育てていくか？」という問いを立てた会社の先輩を例にすると（→176ページ）、問いのオリジナリティを追求するなかで、一流大学卒ではないビジネスパーソン、すなわち、偏差値が高くない大学を出てビジネスで活躍している人たちに着目しよう、と考えたといいます。

一流大学を出ても仕事でぜんぜん活躍できない人がいる一方で、高卒でも外資系の保険会社などで大活躍をして、ものすごい年収を稼いでいる人がいます。

大企業においても、中堅から下位の大学を卒業した後に、「余人をもって代えがたい」人材になっているビジネスパーソンには、何か共通する要素や因子があるのではないか？という視点です。

もしそういった要因を見つけることができれば、それを育成することによって、学歴に関係なくより多くの人が、会社のなかで力を発揮できる可能性が広がります。

会社の先輩自身も、高校受験で第一志望にも第二志望にも合格できず、滑り止めの高校も不合格になってしまったことで、大きな挫折を経験しています。大学受験ではリベンジを果たして目指していた大学に合格しましたが、就職活動では第一希望だった電通に合格することができず、当時、広告業界で六位だった会社に就職することになりました。

そこから苦節十二年、仕事で大きな成果を上げつづけたことで、三五歳のときに電通への転職を実現しています。ご本人はこうした経験を「谷から這い上がった人生」と振り返ります。好きなテレビ番組は、ＮＨＫの「逆転人生」とＴＢＳドラマの「スクール☆ウォーズ」、好きな映画は「ロッキー」です。

こうしたバックグランドをもつことから、自分と同じような境遇の人たちに対する興味・関心が深まっていくのは、とても先輩らしい問いだと感じます。勉強に打ち込めるかどうかで勝敗が決する受験と、稼ぐのが好きかどうかの勝負になる仕事では、求められる素養は違うはずだというのが、先輩の仮説です。

かくして「会社の未来を支えていく次世代の人材をいかに育てていくか？」という問いは、「エリート街道を歩んでいないビジネスパーソンが組織のなかで成功する要因は何か？」という問いにブラッシュアップされました。

先輩曰く「どうやったら這い上がれるか研究」です。自分らしくオリジナリティある問いだと思いますが、最後のステップで、これがさらに磨かれていくことになります。

意見の違いを曖昧にしない

「どこが新しいのか」を明確にするために欠かせない要素として、『知の技法』（一九九四）では、「不同意の度胸」が挙げられています。自分のオリジナリティを出していくためには、自分の意見と他人の意見の違いをしっかりと意識することがとても重要で、それはすなわち、安直に「うなずきあい」をしないということです。

ビジネスにおいて、プレゼンなどを聞いた後に「何か意見はありませんか？」と投げかけられても、誰も意見を言わないというシーンを数多く目にしてきたかと思います。誰も手を挙げないので議論にならない、誰も何も言わないので誰かが指名されて「どうして私が」と不幸に感じながら「特にありません」と答えるといった具合です。

こういった現象について、発表をなるほどと思って聞いていた人は「自分には特に意見がないな」と考え、うーんと思った人は「よくわからないから意見などないな」と考えて、誰かが口を開くのを待っていると結局どこからも意見が出ずに、「○○のところがわからなかったのでもう一度説明してください」という質問だけが出るのは、〈目の前の人に反対しづらい〉〈異論を出しても無駄だ〉〈自分だけ間違っているかもしれない〉という待ちの姿勢が「同意」につながってしまっていることが原因だと、テキストでは言及されています。[16]

「特にありません」の「特に」というのは、〈少々の相違は取り上げない方がよい〉という判断からくる言い回しであって、雰囲気が壊れるのを防いだり、不和が生まれないようにという配慮から、あるいは、自分がさらされるかもしれないという孤立の危険から身を守るために、巧みで周到な同意の技術が使われる傾向を指摘します。その場を支配している考えが何であるかを探り当てるという「度胸のなさ」によって、〈うなずきあいとタイミングを合わせた笑いとで、同意点が積み重なって〉いってしまうため、不同意な点を明らかにしないまま全面的に同意が成り立ったとして、問題が先送りになるという構造です。

こうした風潮を打破するために提起されているのが「不同意の度胸」であり、ある議論に対して意見が自然と湧き出てくるものだと考えるのではなく、意見はつくるものだということを意識しなければなりません。

適切な発言をするためには「何か発言をしてやろう」と最初から意識的に心がけることが必要で、「何か意見はありますか？」ではなく「どんな意見をつくりましたか？」と問うべきだとしています。

かくして、〈言っていることはなにかわかりにくいが、それは自分の考えと違っているからではないか、なるほどとは思えてもどこか同意できない点はないか〉を考え、不同意の意見をもつ者同士が互いに争点を突き止めて、論点を明らかにしていくことが重要であり、〈新しい現象や事実の報告、新しい解釈や説明の理論、既知の事実や理論同士の新しい関係、そしてそのような知的産物自体の考察〉には〈これまで人類によって知られてい

16　この点については、苅谷ら（二〇一九）でも、相手との意見の違いや露骨な対立を避けて、相手を傷つけまいと馴れ合い、互いを忖度しあう「空気の読み合い」によって、議論の対象となっているテーマについての深い理解に到達できないと指摘されている。

た全てのことに対する、いかにささやかであろうとも不同意をふくむ〉と結論づけているのです。

以上のように、東京大学のテキストは、自分自身の「中途半端さ」と対峙して、自分の意見や考えが「人と違うこと」を明言することの大切さを強く訴えています。

「不同意の度胸」をもつには

今や学習モデルの神話となっている「ラーニングピラミッド」[17]においては、本を読んだり講義を聞いたりといった受け身の姿勢では、学びがほとんど定着しないことが示されています。

ラーニングピラミッドは、アメリカのNTL Institute[18]が開発したモデルですが、その元になった「経験の三角錐」[19]（一九四六）においても、能動的な経験をすることの重要性が強調されていることがわかります。

つまり、聞いたり読んだりしているだけでは、能動的な経験にならないということです。プレゼンや会議あるいはセミナーなどの場で、誰かの意見や考えを聞いたり、配られた資料を読んだときに、なんとなくわかった気になるかもしれませんが、それに対して、自分の意見や考えを述べることができなければ、その内容はほとんど自分の知見にはなっていないと考えられます。

学びを効果的なものにするためには、能動的に発言することは非常に重要です。自分の意見や考えというのは、自然と出てくるものではなく、意識してつくるものだといえますので、自分自身のなかに問題意識や自分ならではの視点がないと、発言しようと思っても発言する内容がないということになってしまいます。

すなわち、「不同意の度胸」がまったくない状態です。はっきりとした自分の意見がないため、他人の意見を聞いたときに、異論も反論もなく、議論を発展させるような貢献をまったくできないまま、無言で同意した感じになります。

自分のテリトリーが脅かされそうになったり、自分の仕事や組織あるいは会社が不利益をこうむりそうになったときだけは、既得権益を主張する発言ができるのかもしれませんが、それは自分の利益を守るために戦っているだけで、議論を創造的なものにするわけではなく、自分自身の考えや意見を述べていることにもなりません。利害を調整するための

17　https://acrlog.org/2014/01/13/tales-of-the-undead-learning-theories-the-learning-pyramid/
18　https://www.ntl.org/
19　Dale, E.（1946）Audio-Visual Methods in Teaching, Dryden Press.

交渉と、新たな知識を生み出そうとして意見を述べることはまったく異なります。

大切なのは、議論の対象となっている現象や問題について他者が行った問題提起や意見表明に対して、他者の考えと自分の考えの違いを明確にしたうえで、自分自身の意見をつくって発言することで、議論を創造的に発展させられるかどうかです。そういった意識をもたないまま、受け身の姿勢で議論に参加していたとしても、ただ無言の同意を積み重ねるだけで、自分のオリジナルな問題意識や主張をつくることはできません。


最後に、自分のオリジナリティを追求するとき、どうしても考えておかなければならないことがあります。

それが「オリジナル」と「コピー」の問題です。

オリジナリティとは何かということについて、自分の考えをもっておくために、章末のコラムにて、東京オリンピックのエンブレム問題の例を挙げたいと思います。

コラム

「オリジナル」と「コピー」の問題

東京オリンピックのエンブレムは、二〇一五年七月二四日に一〇四点の公募のなかから、佐野研二郎さんの作品が選ばれたことが発表されました。その六日後に朝日新聞の記事で、発表されたエンブレムが、ベルギーにあるリエージュ劇場のロゴと似ていると、インターネット上で話題になっていることが取り上げられます。[1]

ロゴを制作したベルギーのデザイン会社が、Facebookに両方のデザイン写真を並べて「不思議」と投稿したことで波紋が広がり、ロゴをデザインしたオリビエ・ドビさんは「友人の指摘で気づいた。確かに似ている。今のところ法的手段に出ることは考えていないが、五輪エンブレムの制作者にロゴを見た感想を聞いてみたい」と語ったことが明らかになりました。

それを受けて佐野さんは、「報道されている海外作品については、まったく知らないものです。制作時に参考にしたことはありません」とコメントを発表しています。[2]

これに対してドビさんは、日本オリンピック委員会(JOC)に、東京オリンピックのエンブレムは「盗作」だとして、エンブレム使用差し止めを求める文書を送付します。[3] そして八月五日に佐野さんは記者会見を開き、「日本人としての誇りを持って作った。盗用との指摘はまったくの事実無根」「ベルギーに行ったことはなく、ロゴも見たことがない」「要素は同じものがあるが、デザインの考え方や背景の色も違い、全く似ていない」と、作品の独自性を主張しました。[4]

この主張に、ドビさんは「デザインの制作過程や着想について全く説明できていない」と非難し、[5]記者会見から九日後の八月一四日に、国際オリンピック委員会（ＩＯＣ）に対して、著作権を侵害されたとして使用差し止めなどを求める訴訟を、リエージュの民事裁判所に起こしたと発表します。[6]

これを受けて、ＩＯＣは「エンブレムは完全にオリジナルな作品である」とコメントを出しました。

この騒動の広がりに、日本のデザイン業界では「コンセプトが異なる上、見間違う恐れもない」「そもそもデザイナーの間では盗用疑惑は茶飯事」という擁護の声があり、仮に同じような文字や絵柄を使っていても、大きさや配置も含めて「デザイン」と呼ぶといった考え方が紹介されています。[7]

なかなか騒動が収まらないなか、佐野さんの案を選んだ審査委員の代表が、最終的に発表されたデザインは、当初応募された案を一部修正したものであり、「当初案はベルギーの劇場ロゴとは似てなかった」と言及しました。[8]もともとの案を商標登録するために、世界中の商標を確認したところ「似たようなものがほかにあったようだ。そのため佐野さんの案は、元のイメージを崩さない範囲でパーツを一部動かすなど、組織委の依頼で微修正された」とコメントしたのです。続いて、八月二八日に記者会見を行い、応募された「原案」と組織委員会の依頼で修正が加えられた「修正案」を示すことで、「完成版」のオリジナリティについて改めて主張を行いました。[9]

しかし、ここで決定的な出来事が起きます。佐野さんがコンペに応募した「原案」が、二年前に銀座で開かれた「ヤン・チヒョルト展」の展覧会のポスターに似ていると、ふたたびネット上で指摘されたのです。[10] この段階でも「単純な形態でデザインすれば似てくる」「デザインの設計方法が違う」と語るデザイナーの声が上がっていることは、世間との認識ギャップがかなり大きくあります。

そして、この記事が出た九月一日、大会組織委員会はついに、佐野研二郎さんがデザインしたエンブレムについて、今後の使用を取りやめる方針を固めるという結果に至りました。[11]

その報道を受けて、ベルギーのドビさんは「使用中止の理由を盗作のためと認めておらず、納得できない」とコメントしています。[12]

以上のような一連の騒動について、朝日新聞の社説では「見た目が似た作品が生まれることもあるだろう」、だからこそ「その形や色に込められた理念や考え方の独創性を丁寧に説明して、デザインに対する理解を社会に求める必要がある」と総括されました。[13]

この東京オリンピックのエンブレム問題からは、オリジナリティとは何かということについて、教訓を得ることができます。

オリジナルとは「独創的。特有の」という意味であり、コピーは「模倣」を意味しますが、[14] オマージュ、リメイク、カバー、トリビュート、パロディ、アレンジといった言葉もあり、インスパイアされる、触発される、感化されるという表現も使われます。

ここで重要なのは、先人たちが創造したものに対する敬意とリスペクトです。自分が新しいと思っていたことが、もし誰かが創作したものに似ていたとすれば、パクったかパクっていないかを言い争う以前に、新しいと思っていたものが新しいものではなかったのかもしれないということを、まず見つめ直すべきだと思います。

そういった観点からも、自分のオリジナリティだと思うことに対して、その新規性と独創性を丁寧に説明することで、どこが新しいのかということをしっかりと理解してもらえるよう真摯に伝える姿勢が、セカンドステップにおいて一番大切なことだといえます。

1 朝日新聞 2015/7/30 朝刊。
2 朝日新聞 2015/8/1 朝刊。
3 朝日新聞 2015/8/4 朝刊。
4 朝日新聞 2015/8/5 夕刊。
5 朝日新聞 2015/8/7 朝刊。
6 朝日新聞 2015/8/15 朝刊。
7 朝日新聞 2015/8/18 朝刊。
8 朝日新聞 2015/8/26 朝刊。
9 朝日新聞 2015/8/29 朝刊。
10 朝日新聞 2015/9/1 朝刊。
11 朝日新聞 2015/9/1 夕刊。
12 朝日新聞 2015/9/2 朝刊。
13 朝日新聞 2015/9/2 朝刊。
14 新村出編『広辞苑〈第七版〉』（二〇一八）岩波書店。

ステップ
3
多様な意見を尊重する

世の中にすでに存在する専門知識をインプットするのではなく、まだ答えのない「自分らしい問いを立てる」（ステップ1）ことで、すごく狭くて小さい領域であったとしても、専門領域における空白地帯を見つけて、そこから新規性と独自性のある知見を深掘りすれば、自分ならではの専門性をつくることができます。

専門性とは、一般的な知識を広く浅く知っているだけで認められるものではなく、少しでも差別化された知識をアウトプットすることによって確立されていくものです。そのためには、自分が目をつけて深掘りしようとしていることの「どこが新しいのか」を明確にして、わかりやすく伝える必要があります。

オリジナリティとは、「すでにある知識の集合」との距離を意味しますので、どこまでが既知の領域で、どこからが未知の領域なのかをはっきりさせることで、専門領域における自分の「オリジナリティを発見する」（ステップ2）ことにつながります。

そして最後のステップでは、自分が立てたオリジナルな問いに対して、答えを出すことになります。そのためには、自分の問いを「小さな問い」にブレイクダウンして、小さな問いにひとつずつ答えを出していくことによって、自分の問いに答えるという手順が必要です。

ここで重要なのは、「多様な意見を尊重する」（ステップ3）というプロセスだといえます。

「正解」はない

答えはひとつじゃない

自分が立てた問いに答えていくにあたって、まず認識しなければならないことは、そこに「正解」はないということです。

これまで知識のインプットばかりをしてきた人は、自分で新しい知識をアウトプットすることになったとしても、どこかに正解があると考えて、その正解を探そうとしてしまいます。ですが、これまで誰も立てたことがないようなオリジナルな問いに対する正解が存在しているはずはなく、正解が存在していたとすれば、それはすでに答えが見つかっている問いだということになります。まだ答えがない問いに答えるためには、自分の頭で考えるしかないのです。

この点について、オックスフォード大学教授の苅谷剛彦さんは、『知的複眼思考法：誰でも持っている創造力のスイッチ』（二〇〇二）において、「正解という幻想」について述べています。

正解という幻想とは、簡単にどこかに答えがあると思って、性急に答えを探したがる傾向で、特に日本人は、〈答えを知ることと、考えることとの違いをはっきりさせないまま、正しい答えさえ知っていればそれでいいんだ〉という正解探し発想が根強くあり、〈創造性（オリジナリティ、つまり、自分なりの考え）のまったくない解答〉をしたり、〈十分な知識がないのでわからない〉と、自分で考える力がないことを知識不足のせいにして片づけてしまうことをいいます。すなわち、〈正解がどこかに書かれているのを見つければ、それでわかったことになるという正解信仰の裏返し〉です。[1] こうした正解信仰の症状として、〈考えるプロセスを経ていなくても、答えさえ見つかればそれでいい〉〈唯一の正解というひとつの視点からものごとをとらえようとする〉〈ものごとには多様な側面があること、見る視点によって、その多様な側面が違って見えることは認めがたい〉〈答えがなかなか見つからない類の問題に出会った場合に途中で息切れして、ステレオタイプの発想にとらわれて〉しまうといったことが挙げられています。[2]

こうなってしまうと、自分の問いや自分の専門性を掘り下げていくことはできません。正解がないのであれば、自分の頭で考えながら、答えを探しに行く必要があります。そのうえ、探し当てた答えが「正解」なのかどうかは、わからないものなのです。[3]

現代の社会において、すでに答えが存在している問題やすぐに答えが出る問題に取り組むことの意義は、ほとんどなくなってきています。

まだ答えがわからない問題に取り組むことの醍醐味を感じられる例として、数学の未解決問題が挙げられます。アメリカのクレイ数学研究所は、二〇〇〇年に「ミレニアム懸賞問題」として、七つの未解決問題に対して一〇〇万ドルの懸賞金を懸けました。七つの問題のうち六つはまだ解かれていませんが、「ポアンカレ予想」については、天才数学者グリゴリ・ペレリマン博士が答えを出しています。

ポアンカレ予想は、これまで名だたる天才数学者が人生を懸けて挑んできましたが、長い間その行く手が阻まれてきました。数学の未解決問題は、多くの数学者がその魅惑にとりつかれ、時には人生を狂わせてしまうこともあります。ポアンカレ予想を証明したペレリマン博士は、二〇〇六年にその功績が認められて、数学のノーベル賞といわれるフィールズ賞を受賞しますが、受賞を辞退しています。その後、二〇一〇年にクレイ数学研究所から一〇〇万ドルの懸賞金が支払われることが決定した際にも、その受け取りを辞退しました。そして最終的には、数学自体も辞めてしまい、世間とのかかわりを絶って隠遁生活

1　この点について近田（二〇〇九）は、社会の問題や現実の課題にはさまざまな立場があり、立場によって見解が異なり、確実な解が存在するとは限らないことを指摘する。解を見つけるという行為は、解が存在するという前提に立っているが、解が存在するかどうかわからない場合は、そもそも問題が本当に成立するのか、検討するに足る問題なのかをまずは考えなければならないとする。

2　そもそも研究とは「よくわからないこと」や「感覚的にはわかっているけど実際には証拠がないこと」をわかろうとする行為であり、一〇年後に「あれは間違いだった」と言われるかもしれないものである（サンキュータツオ、二〇一五）。

3　論文が間違っていたことに目くじらを立ててはいけない。「わからないもの」をどうにか「ここまではわかりました」と報告するのが論文であり、説を検討して結局違っていたということがわかるだけでも価値がある（サンキュータツオ、二〇一五）。

を送っていると伝えられています。[4]

このエピソードは、数学の底知れない奥深さを感じさせる出来事ですが、簡単には答えの出ない問題に取り組むというのは、本質的にはこうした格闘をするということなのです。

答えるより考えることに意義がある

ステップ1で述べたように、答えを探し当てることよりも大切なのは、問いと向き合って自分の頭で考えることで身につく、深掘力だといえます。

この点について苅谷さんは、アメリカの大学院で学んでいたときに膨大な本や論文を読んだそうなのですが、〈必死に勉強してこれだけの「知識」を獲得したはずなのに〉〈どんな文献を読んだのか、そこにどんな知識が書かれていたのか、今ではもう詳しく思い出せなくなっている〉〈あれだけ、たくさん読んだ本も論文も、明確な知識としては残っていない〉〈苦しい思いをして読んだのに、本や論文から得た知識は、十分に定着しなかった〉と語っています。

東京大学とオックスフォード大学で教授となった苅谷さんがこう言っているのですから、ビジネスパーソンが仕事以外の時間を使って、本をたくさん読んで知識をインプットしたところで、その知識量だけで専門性を発揮するのはかなり難しいと思われます。そして苅谷さんは、次のように述べています。

〈それでは、あれだけの文献を読んだことは役に立たなかったのか。何も残らなかったのかというと、そうではない。知識に代わる「何か」が身についたといえる〉〈それは、考える力――あるいは、考えかたのさまざまなパターンを身につけたということです〉〈ひとつひとつの知識の断片はどこかに消えてしまいました。しかし、膨大な本や論文との格闘を通じて、「考える」方法にはさまざまなパターンがあること〉〈つまり、知識をどのように使っていけば、自分の頭で考えることにつなげていけるのか、それが、しだいにわかるようになっていった〉というのです。

これはまさに、何かを深掘っていく過程で得られる知識そのものではなく、まだ答えのない問いと向き合う経験自体がもたらすものの大きさを物語っているといえます。

ビジネスパーソンは、簡単には答えが出せない問題に直面したとき、それまでの自分の経験や知識を、あるいは成功事例を調べて、「当てはめよう」とすることが多いかもしれ

4　NHKスペシャル「100年の難問はなぜ解けたのか：天才数学者失踪の謎」。(https://www.nhk-ondemand.jp/goods/G2011034655SA000/index.html?capid=TV60)

ませんが、これまでにわかっていることやうまくいった事例を当てはめても答えが出ないのが、簡単には答えの出ない問題です。

そこで頼りになるのは、自分自身の思考力なのです。すでに答えが存在している問題やすぐに答えが出る問題に取り組むことでは得られない力が、簡単には答えがわからない問題と格闘することによって得られるということに気づくのが、大事なポイントになります。たとえ答えにたどり着けなかったとしても、答えに近づこうとして悪戦苦闘した経験自体に意味があるからです。

数学の未解決問題でいえば、「ポアンカレ予想」に挑んで答えにたどり着けなかったウォルフガング・ハーケン博士は、その後「四色問題」という未解決問題を証明しています。同じくポアンカレ予想と格闘したジョン・ストーリングス博士は、「どうすればポアンカレ予想の証明に失敗するか」というユーモアあふれるタイトルの論文[5]を発表しており、〈他の人が同じような間違いをしないようにするため〉に書かれた内容は、その後の研究における教訓として大変重要な論考になりました。ストーリングス博士は、自分の証明における欠点をしばらく見つけることができなかったのは、〈心理的な問題であり、盲目であり、興奮であり、間違っていることに対する恐怖〉だったと述べています。

こういったことからも、まだ答えが解明されていない問題に取り組むというのはどういうことかを学ぶことができます。

ひとりで考えるのは限界がある

このように、まだ答えのない問いに答えるためには、そこに正解はないことを認識して、自分の頭で考えることが不可欠です。どこにも正解はないですし、誰も答えを教えてくれません。では、自分の頭で考えようとしたときに、陥りがちなミスについて確認しておきましょう。

自分の頭で考えるうえで注意しなければならないこととして、名古屋大学教授の戸田山和久さんは『思考の教室：じょうずに考えるレッスン』（二〇二〇）のなかで、一見、論理的に見えて本当のところは論理的ではない思考や議論を挙げています。

論理的思考のようで論理的でない議論は「疑似科学」[6]と呼ばれるものであり、たとえば陰謀論や歴史修正主義[7]など、知らず知らずのうちにハマってしまう可能性がありますの

5　John R. Stallings（1965）"How Not To Prove The Poincaré Conjecture", Topology Seminar Wisconsin.
6　左巻健男『陰謀論とニセ科学』（二〇二二）ワニブックス。
7　武井彩佳『歴史修正主義：ヒトラー賛美、ホロコースト否定論から法規制まで』（二〇二一）中央公論新社。

で、自分自身の思考にもバイアスがかかっていることを意識する必要があると指摘されます。

すなわち、〈私たちの心に備わっているバイアスは、客観的証拠を無視したり、つごうの良い証拠にだけ注目したり、自分の狭い経験から「あるある」だと思うようになったことだけに基づいて判断することを促す〉ため、〈これまで考えてきたこと、これまで信じてきたこと、信じていたいことをなるべく変えたくない、という強い欲求〉があり、その結果〈自分の信じていたいことを信じる〉ようになってしまうということです。[8]

特に〈自分の属しているごく狭いグループの考えをそのまま自分の考えにしてしまい、そこから抜け出そうとしない〉というのは、ビジネスパーソンに比較的多いケースで、自分が属する組織の考え方や価値基準に、知らず知らずのうちに染まりきってしまうパターンです。

何かものを考えるときにも、自分の頭で考えているつもりではあるのですが、自然と「○○会社の社員としての自分」「今の仕事をしている自分」の立場が大前提になっていて、その目線から物事を見てしまう、もしくは、そういう視点からしか物事が見られなくなってしまっている状態といえます。

そうなると、自覚症状もないことが多いです。その状態で、現在勤めている会社や日々やっている仕事、あるいは、今の立場やポジションを、どこかで変わったり失ったりしてしまうと、それとともに自分の考え自体がなくなってしまい、そこではじめて自分は何も考えていなかったのかと気づくことになります。

そうやって自分の頭で考えることができなくなってしまわないようにするために、戸田山さんは次の三つのポイントに言及しています。

- 〈みんなで／他者といっしょに考える〉
- 〈テクノロジーを使って考える〉
- 〈考えるための制度（しくみ）をつくって考える〉

考えるための制度というのは科学のことを指しており、科学の仕組みは〈一人ひとりがもつ愚かさを乗り越える手段〉を備えているため、〈科学のやりかた（アホ乗り越えメカニズム）〉を取り入れれば良いとします。

8　多くの人は、自分の固定観念に異議を唱えるような「変化を起こす知識」を受け入れるより、「安定を保つ知識」に頼ろうとする傾向がある（ハル・グレガーセン、二〇二〇）。

逆に、ちゃんと自分の頭で考えることができないと、自分の属している組織を外から眺める視点がなくなり、〈自分たちの正しさを疑わなくなる〉〈自分と意見の異なるグループや敵対する相手を、「軽蔑すべき邪悪な愚か者」という型にはめて見るようになる〉〈みんなの意見を察知して、それに自分の意見を合わせようとする〉〈自分たちの意見や決定に反する意見や不利な証拠に心を閉ざして、なかったことにする〉などの不都合が生じて、ひとつのグループの集団思考に汚染されてしまう恐れがあると指摘されています。

ひとりで考えることの限界を乗り越えるために、科学の仕組みや方法に基づいて考えるコミュニティの代表例が、大学だといえます。大学とは「知の共同体」であり、「自由な思考の場」です。自由な思考の場である大学が大切にしているのは、「他者と一緒に考える」ということで、独学ではたどりつけない答えに、みんなの力を合わせてたどりつこうとします。そこに、科学のコミュニティとしての意義があるのです。

いくつもの答えがありうる問いに対して、一人ひとりが自分の意見や考えをもって、それをぶつけ合うことでブレイクスルーを目指す場が、知識創造の根底にあります。

ここから見えてくるポイントは、多様な知を統合することによって、バイアスやグループシンクにとらわれることなく、多面的な視点と切り口から物事を重層的に理解し、創造的な知を創出できる可能性が広がっていく姿です。知識は絶えず増殖し、変化し、高度化します。だからこそ、受験勉強の延長線上で専門知識を「覚える」のではなく、対話を通じて「考える」ことが欠かせません。

正解のない問いと対峙し、しっかりと自分の頭で考えることで、普遍的な立場からものを見る態度が備わり、答えに近づく道筋が見えてくるといえます。

実例：会社の先輩の話
＊その3

「どうやったら這い上がれるか研究」を進める先輩の例でも（↓227ページ）、「エリート街道を歩んでいないビジネスパーソンが組織のなかで成功する要因は何か？」という問いが、「他者と一緒に考える」ことで、さらに磨かれていきました。

自分が立てた問いに対して、「組織のなかでの成功って、どういうこと？」と問いかけられたことで、それが出世なのか年収なのか人望なのか、あるいは、自分がやりたかったことを成し遂げることなのか、素敵な仲間と一緒に仕事ができることなのか、顧客や社会に貢献ができることなのか、といったさまざまな考え方があることに気づかされます。

もし出世だとすれば、上司に気に入られるかどうかや、時の政権に左右されたりするといった、不確定要素による影響が大きいかもしれません。

この指摘を受けて、先輩自身は「年収」がひとつの指標になると考えました。だとすると、ビジネスパーソン一人ひとりの年収を把握するのは難しい、という制約が出てきます。

そこで、組織のなかで自分の実力を発揮して活躍することが年収として評価され、かつ、その年収が把握できる世界という要件から、プロ野球に着目することにしました。

そして、プロ野球の世界で「エリート街道を歩んでいないビジネスパーソンが組織のなかで成功する要因は何か?」という問いに通じる視点を探り、「ドラフト六位」に焦点を当てようと思いつきます。

プロ野球のドラフト会議は、各球団が六位まで選手を指名しますので、ドラフト六位というのは、ぎりぎりプロ野球の世界に入ることができた選手ということになります。

ご本人も高校受験を失敗して、新卒で広告業界の六位だった会社に入っていますので、「ドラフト六位的な人材」だと語っていました。

プロ野球という厳しい競争環境のなかで、チームとして優勝を目指す組織において、ドラフト一位で入ったのに活躍できないまま終わる選手もいれば、ドラフト六位で入った選手が大活躍するケースもあります。

ドラフト六位で入って活躍した選手に、何か共通する要素を見つけることができれば、人材育成に活かすことも可能です。

こうして「どうやったら這い上がれるか研究」は「ドラフト六位研究」に進化することになったのです。

ここまでくると、その人ならではの研究テーマとして際立っています。

このテーマを追究すれば、人材開発の専門領域で独自の専門性を築いていけそうです。

この研究は、「プロ野球ドラフト順位から見る年俸推移と成功・挫折の軌跡：成功要因と環境分析について」というタイトルで形になりました。

研究の主旨としては、〈入団という観点から見れば、ドラフト一位も六位も同じスタート地点であるが、入団時点ですでに球団からの期待値は選手ごとに異なる。それぞれの順位が意味するものは何か、成功の一つの座標軸としての年収を基準に〉〈成功した選手、夢見つつも志半ばで挫折した選手について、それぞれの要因を追うことで成功要因、及び成功に至る環境要因の分析を試みたい〉と記されています。

参考文献には、野球に関連する文献とともに、竹内洋『日本のメリトクラシー：構造と心性（増補版）』（東京大学出版会）も挙げられており、先輩の関心領域が広がっていることが窺えます。

この研究の裏テーマは、「ドラフト六位的な私は、一億円プレイヤーになれるのか：成功者から学ぶ成功要因と環境分析」だそうです。自分にとって大切な問いには、こうした「裏テーマ」が存在しているものだと思います。

小さな問いにブレイクダウンする

物事を多面的に捉える

それでは、自分が立てた正解のない問いに答えるためには、どうすればよいのでしょうか。

オリジナリティのある問いは、これまで誰も取り組んでいない問題ですので、一言でいうと、「道無き道を行け」[9]ということになります。詩人の高村光太郎さんが詠《よ》んだように、「僕の前に道はない／僕の後ろに道は出来る」[10]のが、専門性です。狭くて小さな問いを立てることで、〈狭いから取っつきやすい。その入り口のさらにどこから入ろうかなどと考える必要がなく、具体的にそこに入り口がある〉（↓187ページ）といえますが、さらに掘り下げていくためには、より〈小さな問いにブレイクダウンする〉（上野、二〇一八）ことが有効な手立てになります。自分の手に負えるような大きさの問いを立てたとしても、その問いはもっと粒度の細かい小さな問いの集まりであるはずだからです。

小さな問いにブレイクダウンする方法については、苅谷剛彦さんの『知的複眼思考法：誰でも持っている創造力のスイッチ』（二〇〇二）で、詳しく解説されています。すぐには答えが出せない問題は、よく見ていくと複数の問題から成り立っているため、〈最初の大きな問いを複数の小さな問いに分けていって、それぞれの問いに答えることが最初の問いへの回答になるようにしていく方法〉をとります。[11]

小さな問いへの分解の仕方としては、「因果関係」（なぜ？）や「実態」（どうなっているか？）を問うような投げかけをしてみると、全体をいくつかの要素に分けることができます。分解した要素について、自分の想像力を駆使しながら、因果関係（原因と結果）に関する仮説（見込みや予想）、あるいは、実態を説明できそうな理由を考えてみることで、最初の問いに

9　緑黄色社会「ミチヲユケ」（二〇二二）。

10　高村光太郎『高村光太郎詩集』（一九八一）岩波書店。

11　この点について近田（二〇〇九）は、「論じる」という行為を単純化していえば、「問い」を立て、それを展開し、展開した問いについて自分なりに考察することであり、「論じる」とは「なぜ」という疑問をさまざまな角度から投げかけることだとする。

対していろんな角度からアプローチすることが可能になります。すなわち、「なぜ？」「どうして？」を連鎖させて問題の真因を発見・特定していく、もしくは、「なぜ？」「どうなっているか？」を交互に組み合わせて問題の多面性を捉えていく、といった掘り下げ方です。

このときに、ありきたりの答えで満足してしまうと、考えを深めることにつながらないため、常識の罠《わな》にはまって思考停止[12]に陥らないように注意する必要があると指摘されます。

常識的な答えに巻き込まれそうになった場合は、「信憑性」（本当にそうなのか？　どういうことか？）を問いかけることで、問題の切り口が広がり、考えの新しい筋道が見えてきます。常識的に思われていることほど、根拠がよくわからないままに、なんとなくそう思い込んでいるケースが多いからです。[13]

また、因果関係を考えるときに、その関係性が入り組んでいるために、原因がひとつとは限らないもの（全体の文脈）や、何が本当の原因か見分けがつかないこと（相互作用）が、たくさん存在します。[14] 複数の原因が絡み合ってひとつの結果（要因の複合体）を生み出したり、ひとつの原因からさまざまな結果（意図せざる結果）が生まれることも少なくありません。

したがって、自分が取り組む問題（現象）が、どのような要因（要素）の複合かを考えて、問いを分解することが、大事なポイントとして挙げられています。角度を変えて、問題を一面的にではなく多面的に見ることで、常識的な見方にとどまらない、独自の視点を得ることが可能になります。

このように小さな問いにブレイクダウンしていくときには、ひとつの現象をさまざまな視点から捉えてみることが有効です。

こうしたアプローチをより具体的にイメージするには、「リフレーミング」という考え方が参考になるかもしれません。

リフレーミングとは、物の見方（フレーム）を変えてみるということです。

たとえば、お笑い芸人・ぺこぱの代名詞である「優しいツッコミ」は、リフレーミング

12 博報堂ブランドデザイン『ビジネスを蝕む思考停止ワード44』（二〇一三）アスキー・メディアワークス。

13 どの概念もどの論理も、絶対ということはない。ある日それが根本的に疑われ、問い直されることがある。新たな論理によってまったく違った様相のもとに、未知の対象として立ち上がってくることもある（小林ほか、一九九五）。

14 何でもないように見えるものの複雑さの前で立ち往生してしまうような時代において、ひとつの論理では割り切れない対象の複雑さに対して、異質な論理を組み合わせたり、多元的な論理を創造しなければならない（小林ほか、一九九五）。

の好例だと思います。二〇一九年のM－1グランプリでファイナリストとなったネタでは、タクシーに衝突されて「どこ見て運転してんだよ！　って言えてる時点で無事で良かった」とツッコミ、もう一度衝突されると「いや二回も！　ぶつかるってことは、俺が車道側に立っていたのかもしれない」とツッコミを入れます。タクシー運転手が急に眠りだしたときでも「いや休憩は！　取ろう、働き方を変えて行こう」とツッコんだ後に、また居眠りされたことに対して「さっき取った！　休憩は短かった。そうだろう？　日本人は真面目で勤勉だけど、休憩を取らなさすぎだ。だから他の先進国に比べて労働生産性が低いんじゃないのか」とツッコんでいます。

これこそまさに、お手本のようなリフレーミングです。誰もがイラっとしてしまいそうなシチュエーションに対して、見方を変えることでポジティブな一面を引き出していきます。こういった物の見方ができるようになれば、オリジナリティあふれる掘り下げが可能になるのです。

物事を抽象化して考える

小さな問いへブレイクダウンするために、因果関係や実態を問う投げかけをすることに加えて、問いの対象になっている「主体」（誰が？）を、それを構成する集団に分解していくというやり方もあります。

たとえば、対象全体を、性別や年齢、職業、収入、あるいは、規模やジャンル、地域などに分類して考えるという、ブレイクダウンの仕方です。

ここで注意しなければならないのは、「人間は」といった形で、大きく一般的に括《くく》ってしまうと掘り下げにくくなるのと同様に、「私の会社では」「私の仕事では」と、個別の事情に入り込んでしまうことによって、事情の特殊性にとらわれて「ケースバイケース」（状況によって異なる）という名の思考停止に陥ることが懸念されます。

苅谷さんが指摘するように〈考えるということは、目の前にあるひとつひとつの具体的なことがらを手がかりにしながらも、それにとらわれることなく、少しでも一般的なかたちで物事を理解していくことだからです。つまり、具体的な個別のことがらと、一般的なことがらとの往復運動のなかで、考えるという営みは行われるのです〉というポイントを意識する必要があります。

そして、この「具体性・個別性と抽象性・一般性の往復運動」[15]のためには、抽象度を高

15　楠木（二〇一三）では、これを「論理化と具体化の往復運動」と呼んでおり、論理化とは「個別具体的な事象の背後にある論理を汲み取って抽象化すること」と定義されている。重要なのは、「思考の推進力はあくまでも論理化のほうにあるということ」だとする。

めるための「概念化」が重要になります。概念化とは、個々の出来事の細部にこだわっていては見えてこない現象の共通性を探るために、個別の細やかな事情を切り捨てていく（捨象する）という手段です。

概念化によって生まれる「新しい概念」は、それまで暗闇の中で見えなかった現象に光を当てて、その存在を発見するサーチライトになります。[16]

ステップ1でも述べたように、個別具体的な出来事を抽象化した「新しい概念」[17]をつくって、見えなかった構造を捉えるというのは、自分ならではの「概念装置」（↓198ページ）で社会現象を観察するということを意味しているのです。[18]自分に関連する個別のケースだけをいくら追いかけても、問いの答えや専門性には結びついていかないことを、しっかりと認識しておかなければなりません。

自分の身近で起こっている事例ばかりに目がいって、たまたま自分の周りにある個別のケースを例に挙げることでしか説明ができない人になると、「それってあなたの感想ですよね？」というひろゆきさんが発したことで有名になった言葉[19]が投げかけられて終わってしまう恐れがあります。

「私の会社では」「私の仕事では」「私の経験では」「私の友人にこんな人がいて」といった視点ばかりで物事を捉えたり考えたりしていると、そういった出来事のほとんどすべてが個別の事情に左右されているため、「それってあなたの感想ですよね？」というレベルの話にしかならず、「見えない構造を明らかにする力」＝「深掘力」は身についてきません。

「具体」と「抽象」の往復運動をしようとするときに、重要なのは「抽象」のほうであるということが、ここでの重要なポイントです。個別具体的な出来事を「抽象化」して考えることができないと、自分が生きている狭い世界で見聞きしたことから持論を展開しているだけの状態になってしまいますので、「抽象的に物事を理解する」ということの大切さを意識する必要があります。

具体と抽象の往復運動において、ビジネスパーソンはとかく「具体」にまみれがちです

16　社会学者のタルコット・パーソンズは、「概念」というサーチライトに照らされた事物が「事実」として認識されており、「新しい概念」によってサーチライトが増えたり、角度が変わることによって、今まで見えなかった暗闇が照らし出されて「新しい事実」が認識されるとしている。新しい概念の創出こそが、人間の知的創造にとってきわめて重要な働きなのである（高根、一九七九）。

17　たとえば「人権」。人権という概念が生まれる前には、人権という考え方自体が認識されていなかった（近田、二〇〇九）。

18　自然現象は、顕微鏡などの「物的装置」で観察することができる。

19　ベネッセコーポレーションが発表した二〇二二年の「小学生の流行語ランキング」で第一位に輝いた。

が、専門性を身につける方法についても、抽象的に理解することができなければ、応用が利かないものになってしまいますので、要注意です。専門性を身につけるうえでは、具体的な現象を「抽象化」して認識することが鍵になります。

「ケースバイケース」の具体的な事象でしか考えられないビジネスパーソンは思っている以上に多いかもしれませんが、もっと抽象的な視座から「概念レベル」で問題を考えていくということが、まだ答えのない問いを掘り下げるためには不可欠だといえます。

この点について苅谷さんは、〈個別のケースの中だけで考えているかぎり、そのケースを越え出る問題の広がりには目が向かない〉ため、〈具体的な個々のケースのレベルでものごとを問題にする場合と、抽象度の高い、より一般的なレベルで考えていくこととは明らかに違います〉〈概念という道具を使うことによって、具体的なケースのレベルにとどまっていては見過ごされてしまう問題を発見していくことが可能になるのです〉[20]と示唆したうえで、ケースバイケースの事象を俯瞰することによって、「○○化」（○○になっていくプロセス）として問題を捉えれば、個々の事情に左右されない形で問題を考えることができるとしています。

たとえば、「少子高齢化」「デジタル化」「グローバル化」「ジェンダーレス化」「民主化」「大衆化」「新自由主義化」といった形で、現象を抽象化すると、より一般的な概念として捉えることが可能です。

ブレイクダウンする七つの視点

以上のように、小さな問いにブレイクダウンする視点として、

①原因と結果を考えてみる（なぜ？　どうして？　どうなってる？）
②仮説を立ててみる（もしかしたらこういうことかな？）
③真偽を確かめてみる（本当に？　どういうこと？　これだけ？　全部そうなの？）
④現象を言い表す概念をつくってみる（こういう言葉で説明してみたらどうかな？）

といったアプローチで掘り下げていくという方法があります。

それ以外にも、

⑤他の国や地域と比べてみる（どういう違いがある？　なぜ違いが生まれる？）

20　既存の概念ではうまく記述できないような、未知の対象に出会うことがしばしばある。未知の対象から出発して、これまで専門用語のなかに登記されていなかった新しい概念を創造していくべきである（小林ほか、一九九五）。

⑥歴史をさかのぼってみる（なんで今こうなっているの？　画期となった出来事は何？）
⑦言葉の意味や成り立ちを紐解いてみる（いつどんなふうに？　なぜ使われるようになった？　人によって定義や解釈が違ってない？）

というような掘り下げ方をしていくことができます。

これら七つのブレイクダウン方法のうち、どれを使うかを迷ってしまうようであれば、まずは「比較」してみることをオススメします。比較の軸は「空間軸」⑤と「時間軸」⑥です。

東京大学教授の福留東土《ふくどめひでと》さんは、比較することのメリットとして、「自己相対化」「規準獲得」「一般化・差異化」を挙げています。[21]

「自己相対化」とは、比較を通じて自らの特質を知ること、「規準獲得」とは、先進的なシステムに学んでそれを取り入れること、「一般化・差異化」とは、事象を広い視野から捉え直して新たな視座を得ることです。自分が掘り下げようとしている対象を、世界という「空間軸」と歴史という「時間軸」をもとに比較してみることで、何がどう違うのかが見えてきて、気になるポイントが出てくるのではないかと思います。

小さな問いにブレイクダウンすることの目的は、「何がわかれば答えに近づくのか？」

を明確にして、自分が立てた問いに対する答えの道筋を構造化することです。小さな問いに答えを出していけば、自分の問いに対する答えが出るという全体像をつくることで、自分は今何を考えているのか？　を見失わないようにできます。

必要なのは、問いを小さな要素に分解してから、それぞれの要素を組み立てて、全体を構成するという手順です。

これを例えていうなら、飛行機を見てそのまま、なぜあんなに巨大で重いものが飛んでいるのかという構造を理解することはできませんが、機体を分解してそれぞれがどういう原理で動いているのかを明らかにしてから、分解されたパーツがどのように組み合わさって全体として機能しているかという構造を把握することで、飛行機がなぜ飛べるのかという謎を解くイメージです。

全体をうまく分解して、要素をうまく組み立てないと、現象を明らかにすることができなくなってしまいます。

これまで述べてきたように、バラバラと断片的な情報（飛行機に関係しそうなパーツ）を寄せ集めたとしても、そもそもの問い（飛行機はなぜ飛べるのかという問題意識）がなかったり、問い

21　東京大学の講義資料より。

に答えるために知識を組み立てる（飛行機の構造を明らかにする）ことができなければ、専門性（飛行機の専門家）には結びつかないということです。

多様なものが交わることで新しいものが生まれる

イノベーションは交差点で生まれる

自分の問いを小さな問いにブレイクダウンすることで、小さな問いに答えを出していけば、答えにたどりつけるというところまできました。

そして、この小さな問いに答えを出していくために大切なのが、「多様な他者と議論する」ということです。自分とは考えが違う人の意見によって、ひとりでは気づかなかった視点や論点が見つかります。研究の本質は、「主体的に探究する」ことに加えて、「共に探究する」ということにあります。新たな発見やイノベーションは、多様な人々や異なる意見が交わることで生み出されるものだからです。

コンサルタントのフランス・ヨハンソンさんは、『メディチ・インパクト：世界を変える発明・創造性・イノベーションはここから生まれる！』（二〇〇五）のなかで、イノベーティブなインサイト（革新的な洞察）は、アイディアやコンセプト（概念）の交差点で生まれることを明らかにしています。

一五世紀のフィレンツェでは、ヨーロッパ中から集まってきた芸術家や文化人あるいは科学者たちが、メディチ家の庇護《ひご》のもとに自由に交流し、世界に誇るような多彩な文化が花開きました（ルネサンス）。[22] この現象を「メディチ・インパクト」と名付け、異なる分野や多様な人々が交わることで、画期的な考えが生まれる構造（ブレイクスルー）に着目したのです。

イノベーションには、ひとつの分野内で行われる改良型のイノベーション（方向的イノベーション）と、異なる分野同士の出合いによって生まれる飛躍的なイノベーション（交差的イノベーション）の二種類があるとして、現代はまさに「交差的イノベーション」すなわち

22　この点について、ヨハン・ノルベリ（二〇二二）は、人類史上最大の発明は「交易」だとして、オープンな交流が、二一世紀に至るまで私たちにすさまじい進歩をもたらしたとする。

「メディチ・インパクト」を起こすのに最適な時代だと強調します。[23]

その理由として、グローバル化によって人々が地球上を縦横無尽に移動するようになったこと、サイエンスの領域でますます分野横断的な研究が盛んになっていること、そしてテクノロジーの進歩により異分野・異文化間の交流が容易に行えるようになったことの三つの要素を挙げています。

交差的イノベーションの成功事例として挙げられるのが、ハーバード大学の「学寮」です。ハーバード大学は、学部生の九九％が寮に入っており、大学の四年間にわたって寮生活をします。[24] 自宅通学生を除くすべての学生が入寮するというルールになっていますので、ハーバード大学は原則として「全寮制」といえます。学寮には学生だけでなく、住み込みで働いている教員や研究者と職員がいて、寝食を共にしている状態です。

この全寮制こそが、ハーバードが世界トップの大学でありつづけている卓越性の秘訣であり、卒業後もずっと続く絆と愛校心の礎になっていると考えられています。なかでも、教授と学生をはじめとしてハーバードで暮らすさまざまな人々が集まって、熱い議論をしたり盃《さかずき》を交わしたりして濃密な時間を過ごす食堂が、イノベーションの源泉になっているといわれます。

ハーバード大学の学寮や食堂は、最先端の研究に触れようと世界中から集まってきた多様な人たちが交流することによって、交差的イノベーションが生まれる場が形成されているのです。

オープンな交流が創造性を開花する

交差的イノベーションについて、ヨハンソンさんは〈異なる分野や学問、文化が交差する場では、既存の概念をさまざまに組み合わせて新しい非凡なアイデアを数多く生み出すことができる〉[25]として、創造性が爆発的に開花した一五世紀のイタリア・フィレンツェに注目し、次のように考察します。

〈フィレンツェで銀行業を営み繁栄したメディチ家は、幅広い分野の文化人や芸術家を保護した。メディチ家やその他いくつかの資産家のおかげで、フィレンツェには彫刻家や画

23　クレイトン・クリステンセンは、「持続的イノベーション」と「破壊的イノベーション」に分類する（クリステンセン、二〇〇一）。クリステンセンは『メディチ・インパクト』について、「これまで読んだイノベーション・マネジメントに関する本のなかでも、もっとも洞察力に満ちた一冊」と賛辞を寄せている。

24　ハーバード大学の学寮長補佐を務めた東京大学大学院特任研究員・清水義教先生の講義資料より。

25　オープン性は、世界を進歩させる。創造性が開花する時代に共通する要素は、新しい思想や洞察、習慣、人々、技術、ビジネスモデルにオープンで、それがどこから来たかなど気にしないことだった（ヨハン・ノルベリ、二〇二二）。

家、詩人、哲学者、科学者、金融業者、建築家など多種多様な人びとが集結した。彼らはそこで出会って互いに学び合い、互いを隔てる文化や学問の障壁を取り払って交流した。彼らは手を携えて新しいアイデアに基づく新しい世界をつくりあげ、のちの世にいうルネッサンスを花開かせた。フィレンツェを中心に、人類史上稀にみる創造性に満ちあふれた時代が到来したのである〉

そして、目を見張るような革新を次々と生み出し、個人として、チームとして、組織としてその恩恵に浴するためには、異なる専門分野や文化が相互に出会う場を探さなければならないとします。異なる分野が出会う場となる「交差点」に積極的に参加し、自分の頭の中を〈多種多様なものが結びつく連結点〉にすることで、〈既存の概念がぶつかり合い、融合して、最終的に新しい画期的なアイデアを生み出す〉ような〈異なる文化、領域、学問が一ヵ所に収斂する場所〉をつくることが肝心だというのです。

異分野や異文化が出会う「交差点」の好例であるハーバード大学の全寮制も、簡単にできあがったわけではありません。

一九世紀末に一度、学生数が四倍に拡大して入寮義務が撤廃されたことがあり、富裕学生はプール付きの豪邸へ、困窮学生は遠くて劣悪な環境に引っ越したことで、学生コミュニティがバラバラになった時期がありました。教授は学生の教育よりも研究に注力し、巨大化したコミュニティにおいて「群れの中の孤独」といわれるほど格差と分断が進んだハーバードに、大きな危機感を抱いた慈善家が巨額の寄付を行い、アメリカ史上初のオックスブリッジ[26]流の全寮制を実現させたという歴史があります。

なんとしても多種多様な学生が交わって共同生活をしながら互いに学び合う場をつくりたいという思いが、異なるものが結びついてアイディアが生まれる「交差点」を生んだといえます。

ハーバード大学の広大な敷地において、大学として世界最大の蔵書数を誇る図書館が占める面積は七％なのに対して、学寮が占める割合は三七％で、すべての施設のなかで圧倒的に広い面積です。ハーバード大学のキャンパスは、知の「交差点」としての学寮が中心にできあがっているといえます。

ヨハンソンさんによると、「交差点」とは予想できない場所であり、過去の知識や経験が道標とならない未知の領域であるため、標準的なものの見方はまったく通用せず、不確実性に満ちていることを踏まえる必要があります。

今日、これほどまでに急速かつ頻繁に、より多くの場所で異分野が交差している時代は

26　イギリスのオックスフォード大学とケンブリッジ大学。

今までなく、先入観を捨ててオープンな姿勢で、自分がやってきた分野以外の領域に飛び込む積極性が求められています。

異なる文化や概念、学問分野と専門領域が交わる交差点で、多種多様なものを融合させるために大切なのは、〈すべての事柄はなんらかの形でつながっている。要はそのつながりを見つけ、それをどう活用するかを考え出すこと〉であり、〈自然科学であれ人文科学であれ、ビジネスであれ政治であれ、今やあらゆる領域において、異なる分野のさまざまな概念を結びつける必要が高まっている。私たちはそれによって新しいチャンスを見つけ、新たな試練を乗り越え、斬新な洞察力を獲得することができるのだ。新しい未来を創造する道はそれしかない。未来は交差点にある。もしあなたが未来の創造に加わりたいなら、目指すべきは交差点である〉と強調されているのです。

他者と共に追究する

以上のように、最後のステップで重要なのは、多種多様な意見や価値観を交わらせることです。

「多様なものが交わることで新しいものが生まれる」ということが理解できれば、「多様な他者と議論する」そして「他者と共に追究する」ことが、問いの答えを導くために不可欠だと認識できるかと思います。それはすなわち、「多様な意見を尊重する」ということなのです。

こうした対話の大事さについては、一橋大学の学長を務めた増田四郎さんが『大学でいかに学ぶか』（一九六六）のなかで、〈あなたがたの先生はもちろんですが、それに限らないで、社会のどこであろうと、本式に自分の仕事をしているひと――それは、職人でもいいし、百姓でもいいし、なんでもいいのですが、専門としてりっぱにやり抜いているひとから、なにげなくいわれたことに、ハッとする、目をさまされたような気持になることがあるはずです。それは、あなたになにか弱いところ、曇っているところ、俗流に流されているところがあって、そこを刺激されたのです。あなたがたは、新しいあかりを見いだす。志を新たにする。方向を暗示される――そういうことになれば、世の中はおもしろいものだということにもなるでしょう〉と述べており、ゼミナールで議論することの重要性を強調します。

この本は六〇年近く前に書かれたものですが、ネットで調べればだいたいのことはわかるようになった現代の社会において、議論することの意義はより大きくなっています。

大学の「ゼミ」というと、「なんで自分とは関係がなく、興味もない他の人の発表まで聞かなきゃダメなの？」と感じたまま過ごした人も多いかと思いますが、重要なのは、議論されているテーマそのものよりも、「議論することによって、どうやって新しい知識を生み出そうとしているか？」というプロセスを体得することにあります。

そのプロセスを理解することが、問いを立てて答えていくための議論において、もっとも大切なポイントです。

議論されているテーマが、自分の問いとは関係がなかったとしても、自分の問いに答えを出すためのヒントになるということを、議論する人たちが理解できていなければ、有意義な議論を展開することはできません。

私が、メディア論を中心とする吉見俊哉ゼミで学んだ東京大学大学院の情報学環・学際情報学府では、手品や団地、休み時間、オンライン稽古、マツコ・デラックス、ご当地キャラクター、コスプレ、プレゼン、のど自慢、腐女子、絵文字、日記、喫茶店、体育会系、役員秘書など、さまざまなテーマを自由に研究することができます。手品の研究をしている人が、腐女子の研究の議論に参加しても、一見何も得られなさそうに思えるかもしれませんが、どんなテーマであっても、どのように問いを立てて、どんなふうにアプローチして、どうやって答えを出しているのか、そして、自分が追究したことにどんな意味があって、どういう形でその意義を伝えているか、といったさまざまな面で刺激を受けることが非常に多くあるのです。

そういった観点で、他者が探究していることを尊重し、多種多様なテーマで他者と議論を重ねながら、自分の問いについても他者と共に追究するという姿勢が、まだ答えのない問いに答えを出すために、絶対に欠かせない要素だといえます。

一〇分の学会発表を目指す

ここまでのステップを完了することができれば、自分らしい問いを立てて、そのオリジナリティを発見し、多様な意見を尊重することで、何らかの答えにたどりつくことができたのではないかと思います。

その過程で、専門領域における土地勘が養われることによって、まだ誰も掘っていないような空白地帯を見つけ出して、自分ならではの視点で新しい知識を生み出すことにつながったはずです。

たとえそれが、狭くて小さい領域におけるわずかな前進であったとしても、専門性とは本来そのように鋭く尖ったものですので、そこまで深掘りできたことに大きな価値があり、どうすれば専門性が身につけられるのかということを、経験から学べたこと自体が何よりも貴重だといえます。そうやって自分が追究してきた内容を、何か形にして残すとしたら、学会発表をするという選択肢があります。

学会というと講演のように大々的なものがイメージされがちですが、そういった形は有名な教授などが行うもので、ひとつひとつの発表はそれほど大それた場にはならないことがほとんどです。二〇から三〇人ほどを収容できるサイズの教室で、発表時間はだいたい一〇から一五分程度（＋質疑応答）となる形式が多いと思います。学会発表すれば、自分の研究業績になります。新たな知識のアウトプットを公式の場で行うことは、専門性が身についたことを示すひとつのゴールになるかもしれません。

学会というのは、日本に二〇〇〇以上あり、ありとあらゆる領域が出そろっているような数が存在していますので、ジャンルとしてもほとんど何でもありの状況になっている印象を受けると思います。

どんな学会があるかを調べたい場合は、内閣府の特別機関として設置されている日本学術会議のホームページにある「学会名鑑」[27]で検索することができ、ユニークな学会も数多く存在します（↓278ページ表4）。

また研究テーマについても、実に多様です。学者芸人のサンキュータツオさんは、珍論文コレクターとして『ヘンな論文』（二〇一五）と『もっとヘンな論文』（二〇一七）のなかで、ユニークな研究をたくさん紹介しています。

たとえば、279ページの表5にある論文のほか、『片手袋研究入門：小さな落としものから読み解く都市と人』（二〇一九）として書籍化された研究や、『世間話研究』という論文誌が存在するとの報告もあります。これらの個性的な研究発表から感じられるのは、研究は本当に自由で、舞台はどこまでも広がっているということです。

ミュージシャンがいい曲をつくったとしても、それを世に出さなければ音楽家として生きていくことはできません。野球選手も、試合に出て打席に立つことが大事です。自分が発掘した新たな知識も、同じ分野に興味・関心のある人たちに披露することで、思ってもいない反応やフィードバックをもらうことができれば、さらなるブラッシュアップにつながっていきます。

専門性とは、一度身につければ終わりになるものではなく、新境地を開くためにブラッシュアップしつづけるものです。歩みを止めてしまえば、失われていくのが専門性です。

ハーバード大学教授で個性学研究所を設立したトッド・ローズさんらは、『Dark Horse：「好きなことだけで生きる人」が成功する時代』（二〇二二）において、「本当のとこ

27　https://www.scj.go.jp/ja/gakkai/index.html

表4　**日本には2000以上の学会が存在する**

主な学会(例)

日本経済学会	日本経営学会	日本政治学会
日本社会学会	日本教育学会	日本心理学会
日本哲学会	日本物理学会	日本数学会
日本英語学会	日本内科学会	日本外科学会

ユニークな学会(例)

日本マンガ学会	日本ゴルフ学会	日本スキー学会
日本テニス学会	日本読書学会	絵本学会
日本きのこ学会	日本顔学会	日本時間学会
日本写真学会	日本バーチャルリアリティ学会	日本アロマセラピー学会
日本インテリア学会	日本アスレティックトレーニング学会	日本ウエルネス学会
日本子育て学会	日本映画学会	日本ポピュラー音楽学会
日本庭園学会	日本ブドウ・ワイン学会	日本ビタミン学会
ファッションビジネス学会	余暇ツーリズム学会	日本温泉科学会
ヒトと動物の関係学会	しごと能力研究学会	漂着物学会
戦国史研究会	家族問題研究学会	日本性科学会
日本人間関係学会		

表5　ユニークな論文も多く存在する

- 「傾斜面に着座するカップルに求められる他者との距離」(日本建築学会環境系論文集)
- 「婚外恋愛継続時における男性の恋愛関係安定化意味付け作業」(立命館人間科学研究)
- 「行動伝染の研究動向：あくびはなぜうつるのか」(いわき明星大学人文学部研究紀要)
- 「コーヒーカップとスプーンの接触音の音程変化」(物理教育)
- 「男子生徒の出現で女子高生の外見はどう変わったか」(女性学年報)
- 「大学祭における猫カフェの効果」(北翔大学北方圏学術情報センター年報)
- 「隠喩的表現において面白さを感じるメカニズム」(心理学研究)
- 「オリックス・バファローズのスタジアム観戦者の特性に関する研究」(大阪体育大学紀要)
- 「最長しりとり問題の解法」(情報処理学会論文誌)
- 「走行中のブラジャー着用時の乳房振動とずれの特性」(日本家政学会誌)
- 「プロ野球選手と結婚するための方法論に関する研究」(明治学院大学卒業論文)
- 「縄文時代におけるクリ果実の大きさの変化」(植生史研究)
- 「竹取の翁の年齢について」(神戸学院大学卒業論文)
- 「起き上がるカブトムシの観察」(質的心理学研究)
- 「曖昧さが残る場所：競艇場のエスノグラフィー」(現代風俗学研究)
- 「メロスの全力を検証」(理数教育研究所)

＊サンキュータツオ『ヘンな論文』(2015)、『もっとヘンな論文』(2017)より。

ろ、僕たちがどこに向かっているのか気づくのは、到着してからなんだよね」（ビル・ワターソン）という言葉を引用して、「目的地は忘れろ」とアドバイスします。目的地を設定することは、標準化されたシステムにおいては素晴らしいことですが、〈標準化されたシステムからは標準化されたものしか産出されない〉と強調しています。ハーバード教育大学院で取り組んだダークホース・プロジェクト（型破りな成功をした人の研究）で発見したもっとも重要なことは、〈驚くほど多様に存在する個性的な専門技能〉だったといいます。

二〇世紀に確立された産業社会を近年では「標準化の時代」と呼ぶ傾向が強まっており、それとは対極に位置する「個別化の時代」となった現代において、二〇世紀型の成功モデルは賞味期限の切れた成功法則になっているとして、古いゲームのルールを破って個性を発揮することによって「最高の自分」になれることが示されているのです。

標準化とは、すなわち個性と多様性の排除です。標準化されたシステムで求められたような標準化された専門性は、個別化の時代には通用しません。個別化の時代においては、個性あふれる多様な専門性が求められており、自分らしさを研ぎ澄ませて、差別化された専門性を追求することが鍵になります。

あとがき

専門性を身につけるスキルは生涯使える

専門性を身につけるために、進むべき道はただひとつです。それは、まだ誰も歩んでいない道を行くことです。前人未踏の道に足を踏み入れることこそが、自分にしかない専門性を見つけるということを意味します。この本のなかで繰り返し強調してきたように、専門性とは、すでに存在している「専門知識のインプット」（知っているかどうか？）ではなく、新たな「専門知識のアウトプット」（知的創造ができるかどうか？）です。

つまり、専門家ならだいたい知っているような「一般的な専門知識」を頭の中に入れるだけでは専門性にはつながらず、他の人にはないような「差別化された専門知識」が価値を生みます。

したがって、専門性を身につけるための極意は何かといえば、アントニオ猪木さんの引退スピーチで有名になった、清沢哲夫《きよざわてつお》さんの「道」という詩で表現されています。[1]

道

此の道を行けば
どうなるのかと
危ぶむなかれ

危ぶめば
道はなし

ふみ出せば
その一足が
道となる
その一足が

道である
わからなくても
歩いて行け
行けば
わかるよ

――昭和二六年一〇月『同帰』所載

専門性とは、こうした「道なき道を行く」という歩みを止めれば、すぐに失われていくものです。他の人に先に行かれてしまったり、誰でも歩めるようにきれいに舗装されて道路ができたりしたら、価値がなくなってしまいます。

「すぐ役に立つ」「すぐに使える」といった類の知識は、きれいに舗装された道路の上を、ラクして歩いているだけの状態ですので、そういった知識を効率的に頭に入れたところで、ビジネスで価値を生む専門性としてはなかなか認められないということが、理解でき

―― 清沢哲夫『無常断章』(一九六六)法蔵館。

図12 **専門性で戦えるビジネスパーソンになろう**

たのではないかと思います。専門性につながる道筋というのは、誰かが切り拓いてくれたアスファルトの上を歩くことではなく、むしろ「我が道を行く」ことで進んでいける旅路だといえます（図12）。

現代社会は、専門知識の進化がスピードアップするとともに、専門知識の陳腐化も加速しており、「すぐ役に立つ人間はすぐ役に立たなくなる人間だ」（→78ページ）という現実が突きつけられるようになっています。そうした時代の流れのなかで、専門性を身につけるスキルは、最強の武器になると思います。

二〇二三年四月二三日に、東京大学教授の川《かわ》口大司《ぐちだいじ》さんらが興味深い論文を発表しました。[2]川口さんらが立てた問いは、「飲める人が稼ぐって本当？：アルコール耐性と所得の関係」というオリジナリティあふれるもので、その答えとして、〈酒を飲めるかどうかが所得や労働時間に与える影響を調べた結果、酒を飲める人はより頻繁に多くの量を飲んでいるものの、必ずしも高い所得を得ているわけではないことが明らかになりました〉と報告されています。[3]〈もしも飲酒がビジネスコミュニケーションを円滑化して、所得を向上させる効果があるのならば、適量の飲酒は経済的な観点からは望ましいということになりえるものの、今回の研究結果は、そのような効果は期待できない〉ことがわかったという内容です。

私も職業柄、飲みの席は好きなのですが、[4]〈酒が私たちの社会生活において重要な役割を担っていることは、古今東西の多くのエピソードが明らかにしていることです。祝いの席や悲しみの席では、酒がふるまわれることが多く、ともに酒を飲むことで、私たちは喜びや悲しみを共有します。このような飲酒の社会的な役割を考えると、酒を飲むことによって、同僚とのコミュニケーションや取引先との交渉が円滑に進み、生産性ひいては所

2 https://onlinelibrary.wiley.com/doi/10.1002/hec.4675
3 https://www.pp.u-tokyo.ac.jp/news/2023-04-25-42169/
4 ホイチョイ・プロダクションズ『電通マン36人に教わった36通りの「鬼」気くばり』（二〇一六）講談社。

得が上がるかもしれないと考えるのは自然なことで、今では死語となっていますが、昭和の時代には「飲みニケーション」などという言葉も存在しました〉〈しかし、今回の研究結果はそのような効果の存在をも否定するものです。酒は健康状態の改善や所得の向上を目的にして飲むものではなく、個人が自分の好みに従って楽しむべきものと言えそうです〉といわれると、お酒を飲むことの本質を考えさせられます。ちなみに、〈経済学者も飲酒の所得への影響について関心を持ち、膨大な量の先行研究が存在します〉ということで、研究というものの幅広さと奥深さ、そして、その自由さが感じられます。

お酒がビジネスパーソンの武器にならないとしたら、なおさら、専門性で戦えるビジネスパーソンになって、自分らしい創造性を発揮することで、より良き未来のために社会を彫刻[5]していく志が大切だといえるでしょう。

5　二〇世紀後半に活躍したドイツの現代アーティスト、ヨーゼフ・ボイスは「社会彫刻」という概念を唱え、あらゆる人々はみずからの創造性によって社会の問題を解決し、幸福の形成に寄与するアーティストである、と提唱した（山口、二〇二〇）。

参考文献

安宅和人『イシューからはじめよ：知的生産の「シンプルな本質」』英治出版、二〇一〇年。

安宅和人『シン・ニホン：AI×データ時代における日本の再生と人材育成』NewsPicksパブリッシング、二〇二〇年。

阿部謹也『「世間」とは何か』講談社、一九九五年。

アンダース・エリクソン、ロバート・プール『超一流になるのは才能か努力か？』（土方奈美訳）文藝春秋、二〇一六年。

池尾恭一『入門・マーケティング戦略（新版）』有斐閣、二〇二二年。

石井公二『片手袋研究入門：小さな落としものから読み解く都市と人』実業之日本社、二〇一九年。

伊丹敬之『創造的論文の書き方』有斐閣、二〇〇一年。

上野千鶴子『情報生産者になる』筑摩書房、二〇一八年。

潮木守一『フンボルト理念の終焉？：現代大学の新次元』東信堂、二〇〇八年。

内田義彦『読書と社会科学』岩波書店、一九八五年。

宇野重規『民主主義とは何か』講談社、二〇二〇年。

エイミー・C・エドモンドソン『チームが機能するとはどういうことか』（野津智子訳）英治出版、二〇一四年。

エズラ・F・ヴォーゲル『ジャパン アズ ナンバーワン：アメリカへの教訓』（広中和歌子・木本彰子訳）TBSブリタニカ、一九七九年。

大澤絢子『「修養」の日本近代：自分磨きの150年をたどる』NHK出版、二〇二二年。

大野晋、浜西正人『角川類語新辞典』角川書店、一九八一年。

大前研一『稼ぐ力をつける「リカレント教育」：誰にも頼れない時代に就職してから学び直すべき4つの力』プレジデント社、二〇一九年。

岡崎久彦『戦略的思考とは何か〈改版〉』中央公論新社、二〇一九年。

隠岐さや香『文系と理系はなぜ分かれたのか』星海社、二〇一八年。

越智啓太『すばらしきアカデミックワールド：オモシロ論文ではじめる心理学研究』北大路書房、二〇二一年。

苅谷剛彦『知的複眼思考法：誰でも持っている創造力のスイッチ』講談社、二〇〇二年。

苅谷剛彦、石澤麻子『教え学ぶ技術：問いをいかに編集するのか』筑摩書房、二〇一九年。

清沢哲夫『無常断章』法蔵館、一九六六年。

釘原直樹『人はなぜ集団になると怠けるのか：「社会的手抜き」の心理学』中央公論新社、二〇一三年。

楠木建ほか『はじめての経営学』東洋経済新報社、二〇一三年。

楠木建『「好き嫌い」と才能』東洋経済新報社、二〇一六年。

楠木建、山口周『「仕事ができる」とはどういうことか？』宝島社、二〇一九年。

クレイトン・クリステンセン『イノベーションのジレンマ：技術革新が巨大企業を滅ぼすとき』(玉田俊平太監修・伊豆原弓訳)翔泳社、二〇〇一年。

小泉信三『読書論』岩波書店、一九五〇年。

河野哲也『問う方法・考える方法：「探究型の学習」のために』筑摩書房、二〇二一年。

小林傳司ほか『研究する大学：何のための知識か』岩波書店、二〇一三年。

小林雅一『AIの衝撃：人工知能は人類の敵か』講談社、二〇一五年。

小林康夫、船曳建夫編『知の技法：東京大学教養学部「基礎演習」テキスト』東京大学出版会、一九九四年。

小林康夫、船曳建夫編『知の論理』東京大学出版会、一九九五年。

小林康夫、船曳建夫編『新・知の技法』東京大学出版会、一九九八年。

小林祐児『リスキリングは経営課題：日本企業の「学びとキャリア」考』光文社、二〇二三年。

小宮山宏『知識の構造化』オープンナレッジ、二〇〇四年。

左巻健男『陰謀論とニセ科学』ワニブックス、二〇二二年。

サンキュータツオ『ヘンな論文』KADOKAWA、二〇一五年。

サンキュータツオ『もっとヘンな論文』KADOKAWA、二〇一七年。

シヴァ・ヴァイディアナサン『アンチソーシャルメディア：Facebookはいかにして「人をつなぐ」メディアから「分断する」メディアになったか』（松本裕訳）ディスカヴァー・トゥエンティワン、二〇二〇年。

シェリー・ケーガン『「死」とは何か〈完全翻訳版〉』（柴田裕之訳）文響社、二〇一九年。

シナン・アラル『デマの影響力：なぜデマは真実よりも速く、広く、力強く伝わるのか？』（夏目大訳）ダイヤモンド社、二〇二二年。

柴田平三郎『中世の春：ソールズベリのジョンの思想世界』慶應義塾大学出版会、二〇〇二年。

小学館辞典編集部『使い方の分かる 類語例解辞典〈新装版〉』小学館、二〇〇三年。

新村出編『広辞苑〈第七版〉』岩波書店、二〇一八年。

ジェイク・ローゼンフェルド『給料はあなたの価値なのか：賃金と経済にまつわる神話を解く』（川添節子訳）みすず書房、二〇二二年。

ジェームス・C・アベグレン『日本の経営〈新訳版〉』（山岡洋一訳）日経BP／日本経済新聞社、二〇〇四年。

ジェリー・Z・ミュラー『測りすぎ：なぜパフォーマンス評価は失敗するのか？』（松本裕訳）みすず書房、二〇一九年。

ジョン・P・コッターほか『CHANGE 組織はなぜ変われないのか』（池村千秋訳）ダイヤモンド社、二〇二三年。

ジョン・W・ガードナー『自己革新〈新訳〉：成長しつづけるための考え方』（矢野陽一朗訳）英治出版、二〇一二年。

神野正史『ゲームチェンジの世界史』日経BP／日本経済新聞社、二〇二二年。

鈴木哲也、高瀬桃子『学術書を書く』京都大学学術出版会、二〇一五年。

高根正昭『創造の方法学』講談社、一九七九年。

高村光太郎『高村光太郎詩集』岩波書店、一九八一年。

瀧本哲史『僕は君たちに武器を配りたい〈エッセンシャル版〉』講談社、二〇一三年。

武井彩佳『歴史修正主義：ヒトラー賛美、ホロコースト否定論から法規制まで』中央公論新社、二〇二一年。

竹内洋『日本のメリトクラシー：構造と心性（増補版）』東京大学出版会、二〇一六年。

近田正博『学びのティップス：大学で鍛える思考法』玉川大学出版部、二〇〇九年。

デヴィッド・グレーバー『ブルシット・ジョブ：クソどうでもいい仕事の理論』（酒井隆史ほか訳）岩波書店、二〇二〇年。

東京工業大学リベラルアーツセンター篇『池上彰の教養のススメ』日経BP、二〇一四年。

トーマス・クーン『科学革命の構造』（中山茂訳）みすず書房、一九七一年。

戸田山和久『新版 論文の教室：レポートから卒論まで』NHK出版、二〇一二年。

戸田山和久『教養の書』筑摩書房、二〇二〇年。

戸田山和久『思考の教室：じょうずに考えるレッスン』NHK出版、二〇二〇年。

トッド・ローズ、オギ・オーガス『Dark Horse：「好きなことだけで生きる人」が成功する時代』（大浦千鶴子訳）三笠書房、二〇二一年。

トニー・ワグナー『未来のイノベーターはどう育つのか：子供の可能性を伸ばすもの・つぶすもの』（藤原朝子訳）英治出版、二〇一四年。

読書猿『独学大全：絶対に「学ぶこと」をあきらめたくない人のための55の技法』ダイヤモンド社、二〇二〇年。

中根千枝『タテ社会の人間関係』講談社、一九六七年。

中原淳『働く大人のための「学び」の教科書』かんき出版、二〇一八年。

ナンシー・エトコフ『なぜ美人ばかりが得をするのか』（木村博江訳）草思社、二〇〇〇年。

野中郁次郎、竹内弘高『知識創造企業』（梅本勝博訳）東洋経済新報社、一九九六年。

野中郁次郎、紺野登『知識経営のすすめ：ナレッジマネジメントとその時代』筑摩書房、一九九九年。

野中郁次郎、紺野登『知識創造の方法論：ナレッジワーカーの作法』東洋経済新報社、二〇〇三年。

博報堂ブランドデザイン『ビジネスを蝕む 思考停止ワード44』アスキー・メディアワークス、二〇一三年。

鳩山玲人『シリコンバレーで結果を出す人は何を勉強しているのか』幻冬舎、二〇二二年。

濱口桂一郎『ジョブ型雇用社会とは何か：正社員体制の矛盾と転機』岩波書店、二〇二一年。

ハル・グレガーセン『問いこそが答えだ！：正しく問う力が仕事と人生の視界を開く』（黒輪篤嗣訳）光文社、

二〇二〇年。

平野啓一郎『「カッコいい」とは何か』講談社、二〇一九年。

フランス・ヨハンソン『メディチ・インパクト：世界を変える発明・創造性・イノベーションはここから生まれる！』（幾島幸子訳）ランダムハウス講談社、二〇〇五年。

ブノワ・ゴダン『イノベーション概念の現代史』（松浦俊輔訳）名古屋大学出版会、二〇二一年。

ペーテル・エールディ『ランキング：私たちはなぜ順位が気になるのか？』（高見典和訳）日本評論社、二〇二〇年。

ホイチョイ・プロダクションズ『電通マン36人に教わった36通りの「鬼」気くばり』講談社、二〇一六年。

増田四郎『大学でいかに学ぶか』講談社、一九六六年。

マッキンゼー・グローバル・インスティテュート『マッキンゼーが予測する未来：近未来のビジネスは、4つの力に支配されている』（吉良直人訳）ダイヤモンド社、二〇一七年。

マルクス・ガブリエル『なぜ世界は存在しないのか』（清水一浩訳）講談社、二〇一八年。

見田宗介編『現代社会学事典』弘文堂、二〇一二年。

見田宗介『現代社会はどこに向かうか：高原の見晴らしを切り開くこと』岩波書店、二〇一八年。

源了圓『型』創文社、一九八九年。

村山斉『宇宙は何でできているのか』幻冬舎、二〇一〇年。

村山斉『ニュートン式図解 最強に面白い!! 素粒子』ニュートンプレス、二〇二二年。

山口栄一『イノベーションはなぜ途絶えたか：科学立国日本の危機』筑摩書房、二〇一六年。

山口周『知的戦闘力を高める独学の技法』ダイヤモンド社、二〇一七年。

山口周『ニュータイプの時代：新時代を生き抜く24の思考・行動様式』ダイヤモンド社、二〇一九年。

山口周『ビジネスの未来：エコノミーにヒューマニティを取り戻す』プレジデント社、二〇二〇年。

山田昌弘、白河桃子『「婚活」時代』ディスカヴァー・トゥエンティワン、二〇〇八年。

ユヴァル・ノア・ハラリ『サピエンス全史（上）：文明の構造と人類の幸福』（柴田裕之訳）河出書房新社、二〇一六年。

ユヴァル・ノア・ハラリ『21 Lessons：21世紀の人類のための21の思考』（柴田裕之訳）河出書房新社、二〇一九年。

湯澤規子『ウンコはどこから来て、どこへ行くのか：人糞地理学ことはじめ』筑摩書房、二〇二〇年。

湯澤規子『「おふくろの味」幻想：誰が郷愁の味をつくったのか』光文社、二〇二三年。

吉原英樹『「バカな」と「なるほど」：経営成功の決め手！』PHP研究所、二〇一四年。

吉見俊哉『大学とは何か』岩波書店、二〇一一年。

吉見俊哉『「文系学部廃止」の衝撃』集英社、二〇一六年。

吉見俊哉『知的創造の条件：AI的思考を超えるヒント』筑摩書房、二〇二〇年。

吉見俊哉『大学という理念：絶望のその先へ』東京大学出版会、二〇二〇年。

ヨハン・ノルベリ『OPEN：「開く」ことができる人・組織・国家だけが生き残る』（山形浩生・森本正史訳）NewsPicksパブリッシング、二〇二二年。

レジー『ファスト教養：一〇分で答えが欲しい人たち』集英社、二〇二二年。

和田充夫、恩藏直人、三浦俊彦『マーケティング戦略（第6版）』有斐閣、二〇二二年。

国分 峰樹　こくぶ みねき

●——株式会社 電通 トランスフォーメーション・プロデュース部長。〈広告業界歴二四年〉

●——一九七五年生まれ。大阪府立北野高校、早稲田大学理工学部卒。早稲田大学大学院理工学研究科を修了（工学修士）後、電通に入社。広告ビジネスのプロデューサーとして仕事に打ち込みながら、青山学院大学で経営学博士（広告論）、東京大学で学際情報学修士（メディア論）を取得。現在、東京大学大学院博士後期課程に在学中（総合教育科学）。大学論およびマーケティング・コミュニケーションを専門に研究している。〈研究歴一五年〉

●——青山学院大学（広告・メディア産業研究）、東京音楽大学（メディア論）など、3つの大学で非常勤講師を務める。広島大学高等教育研究開発センターフェロー、公立大学法人会津大学非常勤講師を歴任。〈大学講師歴一三年〉

●——電通では、入社以来一七年にわたって現場の最前線でビジネスプロデュースに携わり、シニア・マネージャーとして、飲料・化粧品メーカー、メガバンク、コンビニ、携帯キャリアなど、主要スポンサーの広告キャンペーンを担当。

●——その後、電通が全社改革を行うために本社機能を強化する経営方針を打ち出したことに伴い、人事局および社長直轄の改革推進室にて、デジタルトランスフォーメーション（DX）に関わる特命プロジェクトに参画。チーフ・プランニング・ディレクターとして、全社的な人材マネジメントシステムの構築を主導し、生産性向上と働き方改革を実現した。

●——現在は、ビジネスプロデュース局の部長として、情報・通信業界および金融業界における大手クライアントの統合マーケティング・コミュニケーション戦略を担当する部署の責任者を務める。電通が今後のビジネスで核に据えるデジタルトランスフォーメーション領域の最先端で、広告ビジネスを進化させるために奮闘している。

●——東京大学キャッチコピー「志ある卓越」の考案者（東大一四〇周年事業最優秀作品賞）。

替えがきかない人材になるための
専門性の身につけ方

2023年 8月 7日　初版発行
2024年 8月14日　5刷発行

著　　者　　国分峰樹
発 行 者　　太田宏
発 行 所　　フォレスト出版株式会社
〒162-0824
東京都新宿区揚場町2-18　白宝ビル7F
電　　話　　03-5229-5750(営業)
03-5229-5757(編集)
U R L　　http://www.forestpub.co.jp
印刷・製本　　中央精版印刷株式会社

ISBN978-4-86680-237-4　Printed in Japan